無名大学を優良大学にする力

-ある大学の変革物語-

ジョージ・ケラー

堀江 未来【監訳】

学文社

イーロン大学キャンパス

イーロン大学キャンパス

ベルク図書

ベルク図書

学長室エリア

学長室エリア

ローズ・スタジアム

「イーロン・コミットメント」による拡張計画

アドミッションズ・ウェルカム・センター

過去のゲストスピーカー紹介

噴水エリア

はじめに

　アメリカの高等教育には，他国と比較してとりわけ目立った特徴がある。それは，資本主義に基づく自由競争を原則とし，すべての高等教育機関を一括りにするような，国家としての制度設計を行っていないことだ。大小さまざまな一般企業のように，大学もまた，学生や教員の獲得，良質な施設の保持，評判や財政面での安定のために，戦略的な競争が求められる。そうでなければ，経営をやめるか，やめさせられるかの選択をしなければならない。

　この競争の圧力下にあるのは，州の財政援助を受けている 1,640 校の公的機関だけではない。授業料と私的な資金援助に多くを頼りつつ，アメリカ国民にとって魅力的かつ必要不可欠な存在であろうとする 2,260 校の私立機関も含まれる。アメリカ国民は多様な構成員から成っており，ネイティブ・アメリカン，アフリカン・アメリカン，カトリック教徒，ラテン系住民，ユダヤ人，女性といった一定の層のために設立された大学も存在する。テキサス大学オースティン校，オハイオ州立大学，ミネソタ大学などのように，5 万人もの学生が在籍する大規模な州立大学がある一方，在籍者数が 500 人に満たないような私立の 2 年制または 4 年制大学も 490 校を数える。

　ジャズやロック，現代ポップスを勉強したければボストンのバークレー音楽大学があり，スポーツのコーチや監督，スポーツ医学の専門家になりたければアラバマ州ダフネにあるスポーツ・アカデミーに行けばよい。メリーランド州アナポリスにある海軍兵学校では

海軍将校になるための訓練を受けることができる。選択肢の多さには驚くばかりだ。さらにこの国には，個人や企業が所有する大学が5,000校ほど存在し，そこでは航空機整備士，医療機器技師，商業アーティストになるための勉強ができる。加えて，デブライ大学，コリンシアン大学，フェニックス大学のように，営利目的の大学も急激な勢いで増えている。

このように，アメリカの高等教育機関が質量ともに拡大している現象の裏には当然，学生や資金の獲得，そして世間での注目度をめぐっての激しい争いがある。伝統的な大学教授はこういったことをあまり好まない。しかし市場競争におけるニッチや，自らの特徴付け，ブランド力，評価，評判といった話で，アメリカの大学関係者が大いに盛り上がるのはよくあることだ。競争力のない大学は，経営が破綻するか，より財政的に安定した他の大学に吸収される。強い大学はさらに強くなるため，教員のリクルーティング，外部研究資金の申請，魅力的かつ最新鋭のキャンパス環境整備，洞察力と活力に満ちた優秀な学生獲得のためにあらゆる努力を続けている。

一方で，全国的知名度はなくとも，すぐにつぶれる訳でもないような大学も多数存在している。そういった多くの二流大学には，ほどほどの質で，特筆すべき点もなく，全体的に合格点は得られているが，財政的にそれほど豊かではないという特徴がある。そしてそれらの多くの大学が，「まあまあ良い」とされるレベルから，「全国区の優秀校」に変わるための努力を日々続けている。資本主義的自由競争の原理によって，アメリカ中の大学が強い向上心と戦略的姿勢をもつことは当然の流れだ。

はじめに

　この小さな本は，そんなとある大学で起こった話である。40年前，私はある地元の学者から，ノースカロライナ州北部にあるイーロン・カレッジについて説明を受けた。小規模で，大した魅力はなく，地元の低学力層を対象とした学校で，学生募集や寄付集めに苦心している，とのことだった。そのイーロン大学は，今や全米48州から学生が入学する美しい中規模の優良大学に変貌を遂げた。そのキャンパスには新しい図書館，学生センター，科学施設，フットボール競技場，フィットネス・センターなどを有している。学生やその父母，訪問者はみな，このカントリークラブなみに美しいキャンパスに強い印象を受ける。大学紹介雑誌によると，学士課程を中心とした大学の中で，イーロン大学は全国トップ300の中に位置づけられている。

　このような変容はいかにして起こったのだろうか。新しい地位と競争力を得たイーロンの経験から，他の大学は何を学べるだろうか。そして，高等教育界において輝ける地位を手にしたこの大学が，新たに抱える問題は何だろうか。

　この本では，まずこれらの質問に答えていきたい。そして，新しいタイプのアメリカの高等教育が，どんな基本要素で成り立っているのかについても明らかにしていきたい。大学がその質を向上させ，名声を得るための方法論についてこの本では論じない。他の大学がイーロンのまねをすべきとも思わない。私は，イーロンの経験を通じて，他の大学関係者が何らかのインスピレーションを得ることを期待している。今日のアメリカには，十分な教育を受けた，創造力と活力をもった人材がこれまで以上に必要なのだから。

目　　次

はじめに　i

第1章　焼け跡からの再起 …………………………………… 1
古き「良き」日々　4／イーロンについて改めて考える　6／差別化戦略　11／イーロン再建　15／独自性を打ち出すために　18／徹底した質の向上にむけて　24／しかし，ビジョンはどこに？　29

第2章　新リーダー，新方針 …………………………………… 32
新人登場　34／体育会活動の躍進　39

第3章　学生の満足度をあげるために …………………………… 44
学生募集　46／学習者のための環境　49／学生とのつながりを強めるために　51／学生参加型教育の推進　54／学生に関する調査　56／学生の声　57／成果は認められる　59

第4章　学術レベルの向上をめざして …………………………… 61
扉は開かれた　63／学部再編成　67／次の10年にむけて　70／新しい方向性　74／一刻も早く　78

第5章　発展のための資金調達 …………………………… 83
建設費用と借金　86／硝子張りの予算　90／策定間近：新財務戦略　92

第6章　成功の果実と予期せぬ結果 …………………… **96**

成功の先に見えたもの　97／大いなる葛藤　100／ジレンマとの対決　105

第7章　躍進の要因 …………………………………… **107**

人材最優先　109／財政政策とマーケティング　113／終わりに　116

著者あとがき　119
解説：無名大学を優良大学にする方法　　　　　馬越　徹…**121**
訳者あとがき　125

TRANSFORMING A COLLEGE by George Keller Copyright © 2004 by The Johns Hopkins University Press. All rights reserved.

Japanese translation rights arranged with The Johns Hopkins University Press through The Asano Agency, Inc. in Tokyo.

第1章 焼け跡からの再起

　1995年，ジュリアン・メイハーはノースカロライナ州にあるイーロン・カレッジに教学担当副学長として着任した。そして彼女がまず行ったのは，学内にどんな派閥関係や政策面での対立があるのかを聞いて回ることだった。しかし，誰に聞いても「そんなものは全くない」という返答しか得られず，彼女にとって大きな驚きだった。実際，彼女があまりにも執拗に質問するので，新しく採用された副学長には誇大妄想癖があるんじゃないかと疑い始める者さえいたのである。

　後になって，メイハーは，驚きをもって当時をこう振り返っている。「ここには，争いごとも陰謀も無いに等しいのです。大方の教員は学生のことを心から考え，想像力を駆使して，豊かな教育実践を展開しています。お互いを助け合い，大学運営に関わる仕事も厭いません。そして，独自の一般教育課程を開発しました。職員も，大変才能豊かで協力的な集団です。イーロンには，全体として大変強いコミュニティ意識が存在しているのです」。イーロンの教員から選出される評議会（Academic Council）での議論は非常に洗練されていて，建設的であった。教職員組合も存在しない。

　このような「和」の存在は，イーロンの唯一の特徴ではない。575エーカーのキャンパスは，驚くほどの美しさ，清潔さで保たれている。ゴミや落書きはないし，枯れ枝は剪定され，塗装途中の柱も見

当たらない。手入れを先延ばしにすることは，一切ないのだ。さらに，この大学の年間収支は，過去30年以上にわたって黒字であり，過去2回行われた募金事業の取り組みはそれぞれの目標額(1,800万ドルと4,000万ドル)を達成した。

4,400人の学生が在籍するこの大学には，教員が中心となって新たに開発した一般教育課程があり，それは多くのリベラルアーツ・カレッジでありがちな，単なる科目のアラカルトで終わっていない。「イーロン・エクスペリエンス(Elon Experiences)」という包括的な経験学習プログラムがあり，この中で学生は5つの分野(リーダーシップ，国際経験，コミュニティ・サービス，研究調査，企業インターンシップと職業体験)に取り組むことになっている。「イーロン・エクスペリエンス」については，授業外活動について詳細記述される成績表が別に用意されており，就職や進学時に役立つよう工夫されている。4年生を対象とした年次調査の結果では，イーロン大学の最も良い点として教育の質の高さが指摘された(2番目はキャンパスの美しさである)。1990年代には学食の評判が悪かったが，3つの古い食堂については，より多くのメニュー選択が可能な「マルシェ方式」に基づいて改修され，新しい調理師も採用された。高級料理とはいえないにしても，イーロンで提供される食事は，平均的な大学の学食よりも一段上をいっている。

1988年以降，イーロンでは，なんと27もの新しい建物を建て，10以上の建物を改修した。コーリー・センターは，大手州立大学の運動施設を基本に，美しいリゾート地にありそうなフィットネス施設をあわせて作られた。この施設では，多くの部分で学生が運営

に関わっている。学生活動の拠点となるモゼリー・センター建設には 800 万ドルの経費がかけられ，1995 年にオープンした。その直後には，キャンパス内のギリシャ庭園の中に，6 つの新しい学生共同宿舎（フラタニティとソロリティ）が建設された。最新鋭の研究施設であるマクマイケル・サイエンス・センターは 1,800 万ドルをかけて建設され，1998 年にオープンした。また，総工費 1,300 万ドルの新しいベルク図書館は 2000 年に業務を開始している。さらには，オリンピックレベルの大会開催が可能な陸上トラックと 8,250 席を擁するスタジアムが 1,200 万ドルで建設された。これらすべてが，決して豊かとはいえない大学によって行われたのである。2002 年 6 月 30 日におけるイーロンの寄付基金（endowment）総額は 5,560 万ドルであり，1980 年時点での 300 万ドル，1996 年の 2,700 万ドルからたしかに増加している。しかし，比較のために他大学をみてみると，ジョージア州ベリー・カレッジの 2002 年における寄付基金は 1 億 9,400 万ドル，サウスカロライナ州ファーマン大学は 2 億 4,800 万ドル，ノースカロライナ州デビッドソン・カレッジは 3 億 1,800 万ドル，バージニア州ワシントン＆リー大学は 4 億 3,800 万ドル，リッチモンド大学は 9 億 9,800 万ドルと，はるかに大きな寄付基金を有している。

　イーロン大学の驚異的な躍進は，全米の注目を集めるようになった。『2003 年版 U.S. ニューズ＆ワールド・レポート（U.S. News & World Report）』の大学ランキングによると（私はその手法を完全に信頼している訳ではないが），イーロンは南部で 8 位にランクされており，1995 年の 39 位から大きく躍進している。プリンストン・レビュー

では「全米ベスト345大学」にも登場した。そして，東部地域の学生やその親たちが，イーロン大学に大挙してやってくるようになったのである。1994年と比較して出願者数は45％増加しており，入学者のSAT平均値は119ポイント上昇した。イーロンには今や，アメリカ48州と海外40カ国からの学生が在籍している。2003年の秋には，1,200名定員に対して7,000人以上の出願があり，SAT平均値も最高点を達成した。

古き「良き」日々

しかし，イーロンは常にこのように順調だった訳ではない。1889年，イーロン・カレッジは小さなキリスト教会を母体として設立された。1931年，その教会で牧師をつとめていたレオン・エドガー・スミス（1910年イーロン卒）が学長に就任したとき，この大学はまだ1923年に被災した大火事からの復興途上であった。学生数は87人にまで減り，教員はほとんど1年間にわたって給与を支払われていなかった。スミスは就任してすぐ，地元アラマンス郡の住民に対して500通の手紙を送り，大学運営が続けられるようにそれぞれ3ドルずつ寄付してほしい旨を伝えたが，結果としては，2通の返事と，合計13ドルの寄付を受け取ることしかできなかった。さらに教会や卒業生にも呼びかけたところようやく3,000ドルが集まり，それによって1932年の秋に運営を再開できる見込みができた。債権者からうまく逃れつつ，資金融資を受け，学生誘致に尽力する——スミス学長は，このようなことに1930年代のほとんどを費やしたの

第 1 章　焼け跡からの再起

だった。

　1936 年，イーロンには 660 名の学生が在籍していた。しかし第二次世界大戦開始とともに，再び学生数は減り始めた。スミス学長は果敢にも，陸軍に対して，イーロンでパイロット養成を行うことを申し出た。運動競技をすべて止め，彼自身が「ほとんど犯罪的な経営手法」と呼ぶやり方で，なんとか戦時中にも大学運営を継続したのである。やがて復員兵援護法（G.I. Bill）によって学生が増えたことで，新しい建物を建て，より健全な財政基盤のもとに運営を行うことが可能となった。1957 年にスミス学長が 70 代で引退した時，その地域出身者を中心とした学生数は 1,639 名にのぼり，また資産総額は 68 万ドルまで増加していた。

　スミス学長の後任は，優秀な若手化学者であり教員でもあるジェイムス・アール・ダニエリー（1946 年イーロン卒）であった。就任時，彼はまだ 32 歳だった。ダニエリー学長は，入学審査への SAT の採用，図書館の拡張，7 つの校舎増築，初の黒人学生の入学，スポーツチーム強化，4-1-4 セメスター制導入，教員の博士号取得の奨励，評議会設置，といった改革を次々行った。また，1972 年には，理事会の強力なサポートのもと，300 万ドルの募金事業を展開した。

　ダニエリー学長は，財政面における機敏な対応を通じて，イーロンを学術的に権威のある機関に成長させた。イーロンは，ノースカロライナ州の中でも，恒常的に黒字経営が行える唯一の大学となっていた。ダニエリー学長は同時に，厳格な禁酒家であり，独裁者でもあった。1960 年代後半から 1970 年代前半にかけて，粗暴な学生や一部の教員が授業を中断するなどして反体制文化の影響を受けつ

つあったが，ダニエリー学長の態度は毅然としていた。イーロン・カレッジを小規模の結束した学術的コミュニティとして成長させたい――そう考えるダニエリー学長の姿勢は揺るぎないものであった。当時の開発担当副学長（ジョー・ワッツ・ウィリアムス）は次のように述べている。「ダニエリー学長の管理運営は，本当に厳しいものでした。しかし，彼はそれによって，現在のイーロン文化の基礎を作り上げたのです。それは，共同体として親密で協力的であること，財政管理の基盤を安定させること，学術面を強化すること，そして起業家精神にあふれた成長展開をめざすことです」。

1973年，腰痛に悩まされたダニエリー学長は要職から離れ，一人の教員に戻ることにした。基本資産は300万ドルに増額されていたが，負債もまた340万ドルにふくれあがっていた。学生数は1,800人で，16年前から170名の増加にとどまっていた。そして，学生の多くは近隣地域の出身者であり，学生の入学時学力は大学での学業についていけるレベルにはなかった。

イーロンについて改めて考える

ダニエリー学長が退任した1973年当時，イーロン・カレッジはノースカロライナ州の外ではほとんど無名の大学であった。町の鉄道線路の脇にある大学の建物はどれも，訪問者に対して平凡な印象しか与えず，またキャンパスの真ん中は駐車場が陣取っていた。学生の多くは，近隣バーリントンの労働者階級家庭か，地域の農家，信仰心の厚い家庭の出身者だった。教育内容はしっかりしていたも

第 1 章　焼け跡からの再起

のの，特筆すべき点はなかった。

　イーロン・カレッジは，その後 30 年ばかりの間に，どうやって全国区の人気校になれたのだろうか。イーロンを新しいレベルに引き上げようとする教職員の士気は，どこから生まれたのか。急進的に展開された変革の方策や戦略はどのようなものだったのか。

　その答えはいくつかある。最も重要と思われる要素のひとつは，1973 年の春に新しい学長としてフレッド・ヤングが選ばれたことであろう。彼はバプティストで，コロンビア大学ティーチャーズ・カレッジの博士号をもつ学校経営の専門家であった。学長就任前のヤングは，バーリントン地区の教育長補佐とバージニア州の副教育長をつとめていた。彼は当時まだ 38 歳であったが，活力にあふれた優秀な行政官であり，なにしろノースカロライナ州の出身者であった。

　ヤング学長は就任直後，イーロン・カレッジの財政基盤は脆弱すぎるとの判断を下した。財政規模は小さく，歳入の 90％ を学費収入に頼っていた。したがって，入学政策は非常に重要な問題となっていた。分析によると，イーロンの学生は 90％ 以上がノースカロライナ州かバージニア州の出身であり，出身家庭の財政状況は大多数が平均以下のレベルであった。一方，ヤング学長は 3 つの状況変化にも気がついていた。ノースカロライナ州では，1957 年から 1971 年の間に，新たに 50 ものコミュニティ・カレッジが設立され，そのひとつはイーロンのお膝元であるアラマンス郡にもできていた。しかも，それらカレッジの学費はイーロンの 5 分の 1 という安さである。ベビーブーマーのピークは 1961 年で，それ以降出生率は減

少しており,1979年までに大学入学年齢人口が減り始めるだろう——ヤング学長は,それまでの学校運営の経験から以上の点に注目していた。そしてイーロン・カレッジは,著名かつ安価なノースカロライナ大学チャペルヒル校や急激に伸びている同大学グリーンズボロ校から車でたった1時間の距離にある。しかも,キリスト教系有名校のギルフォード・カレッジやカタウバ・カレッジも近隣地域にあった。

「実際,1980年代までにすっかり学生を失ってしまう可能性があったので,我々はそこで立ち上がらなければならなかった」。ヤング学長は,入学政策と学生生活の質の向上を,優先順位のトップにおいた。大学パンフレットの見直し,事務組織の改編,新規専攻の立ち上げ,キャンパスラジオ局の設置,オーナーズ制度の導入などを次々と行った。当時の学生・教学担当副学長であったジェイムス・モンキューは,1974年発行の『イーロン・マガジン』誌上での学長の意向表明を振り返りながら次のように語った。「小規模なリベラルアーツ・カレッジが将来に向けてすべきことは,質の高い学生生活の提供だ。マンモス校でも同じようにすばらしい施設を用意することはできるが,生活スタイルそのものや洗練された環境までは提供できない。我々はそのことに気づき,八方手を尽くしたのだ」。

ヤング学長は,さらに優秀な学生を集める上で,キャンパスの外観が障害となっていると感じていた。良質のキャンパスは学生教育の上で必要不可欠であり,若者の趣味や志向,習慣を上質に育てる——19世紀,フリードリック・ロー・オルムステッドはこのように述べている。しかし,それまでイーロンではこの忠告に耳を傾け

てこなかった。そこでヤング学長は，以下の2つのことを行った。まず，1974年に，ハガード通りをはさんで北側の43エーカーの土地を購入した。いつか美しいキャンパスをそこに創出するために，と2人の理事から勧められ，ヤング学長はすぐさまそれを了解したのだった。そして1975年には，景観デザインやキャンパスの美化計画のため，建築事務所ルイス・クラーク・アソシエイツと契約した。以上の点は，歴史的にみて非常に重要な決断であったといえよう。

　こうして，同建築事務所のA.ウェイン・マクブライドJr.がイーロンのキャンパス総合計画担当者となった。景観建築を専門とするマクブライドは，若くて有能，しかも自信に満ちていた。彼は，富裕層向けリゾートを中心とした業績をもっていた。マクブライドは，ヤング学長から「この大学を学生や親にとってもっと魅力的なものにしたい」と聞かされ，即座にその主旨を理解した。彼は当時のことを次のように振り返っている。「大学のキャンパスもリゾート地も非常に似た部分があって，どちらも，素敵な場所で，そこに足しげく通いたいと思わせる必要があると考えたんだ。多くの親たちは，教育の質はともかく，キャンパスが安全で，清潔で，美しく，快適な場所であってほしいと願っているのだから」。

　マクブライドは，イーロンの建造物はどれも特徴がなく，その景観たるやひどいものだと感じていた。そして，わくわくするようなオープンスペースがどこにもない。パウエル，デューク，アラマンス，カールトンという4つの主要な建物に囲まれたスペースには，なんと駐車場が陣取っている。「私はとにかく，決心したんです。

どこからみても驚くほどかっこいい場所を，物語に出てくるような南部の大学を作ってやろうって」。彼は，新しい競技場や大規模な体育館を建設し，グラウンドに小さな湖を作ることを提案した。さらに駐車場の跡地には，ドラマチックな噴水を。

最初にこの計画図を見た時，教員たちは驚きを隠さなかった。まるで「ようこそ，ディズニーランドへ！」という看板が見えるようだ——これが彼らの反応であった。この大胆な変革案とキャンパス拡張計画には，2人の理事も反対を唱えた。マクブライドは，当時を振り返ってこのように述べている。「魅力的なキャンパス整備が鍵だと信じているヤング学長でさえ，この計画には少し面食らっていました。ほとんど毎週，この計画で本当にうまくいくのかどうか，毎週のように彼から確認の電話がありました」。しかし1976年，理事会はこの案を承認し，実現に向けて550万ドルの募金事業を開始したのだった。

ヤング学長は，「当時の私たちを突き動かしていたものは，恐怖心だった」と振り返る。イーロンの財政は学費収入に大きく依存していたため，大学としては入学者確保に集中しなければならなかった。より多くの優秀な学生を集めるため，イーロンはより素敵なキャンパスや新しい学生宿舎，より豊かな学生生活，そして質の高い教育プログラムが必要だったのである。

教育面の改革においては，連邦政府による大学改革推進事業(Advanced Institutional Development Program)に200万ドルの助成金を申請した。そして1977年6月にはその受給が決定し，その先5年間にわたって財政支援を受けられることになった。ヤング学長は「私

たちが飛び立つことができたのは，この資金のおかげだった」と考える。この資金がイーロンの教育を次のレベルへと引き上げたといえる。多くの教員の協力を得ながら，大学執行部はそれを実行に移したのである。

カリキュラムは改訂され，補習や個人指導のための学習リソース・センターが設置された。最優秀層の学生には，奨学金付きで大学院に進学するための特別プログラムが用意される一方，キャリア支援室が拡充された。学生カウンセリングや宿舎でのさまざまなプログラムも改良され，機関調査(Institutional Research)や自己点検評価，将来計画についても大幅に体制を強化した。この助成金はイーロンに多大な影響をもたらした。さらにおまけとして，イーロンのアメリカン・フットボール・チーム「ファイティング・クリスチャンズ」は，1978年のNAIA(National Association of Intercollegiate Athletics)の決勝までいき，1980年と1981年には全国優勝を果たしている。

これら変革の嵐の中で，外部からの財政支援も増加していた。より多くの卒業生や関係者，理事らが，イーロンに対して寄付を行うようになったのである。1979年には連邦政府から280万ドルの低利息融資を受け，新しい学生宿舎を建設した。Z. スミス・レイノルズ財団からは，遺贈寄付や計画寄付の枠組み作りのため35万ドルの助成金を得た。

差別化戦略

イーロン・カレッジの学生数は1979年までに2,500名となり，

1973年から38％増加した。過剰なほどの節約によって，イーロンは毎年黒字を生み出し，その資金を施設の改善や購入に充てた。このような黒字は，保守的な財政計画と，学生数の拡大，そしてわずかな学費値上げによる収入増により生まれたものである。つまり，イーロン・カレッジは毎年，ベンチャー企業のような成長を遂げていたともいえる。しかし，その成長は何をめざしていたのだろうか。

1976年，イーロン・カレッジは，キリスト連合教会(United Church of Christ)との関係を「管理下」から「提携」へと変えるための規定改正を行った。そして，理事メンバーのキリスト連合教会関係者を6分の1まで減少させた。この変化に加え，学生数の拡大や新キャンパス計画，イーロンにとって初めての大型基金(スペンサー・ラブ基金からの100万ドル)獲得，さらには教員の意識向上——これらさまざまな要素が，ヤング学長をさらなる将来構想へと後押しした。

ヤング学長は，学生集団の特徴構成，入学者数，マーケティングといったことで常に頭をいっぱいにしていた。近しい元同僚はこう述べている。「彼は，入学政策や在籍率，マーケティングに関して誰よりもこだわりを持っていて，教職員はみなそのことを意識していた」。アドミッションズ・オフィスは今でも学長室の隣にある。しかし，イーロンにとって節目となる100周年記念年にも当たる1989年が近づくにつれ，学術面での質の向上に対する理事会のプレッシャーも大きくなり，大学の戦略は新たな方向に向かい始めた。

1980年，ヤング学長はマーケティングのためのタスク・フォースを立ち上げ，イーロンの顧客層や競争力，学生実態についての調査を行った。当時英語教員でありコミュニケーション部長でもあっ

第 1 章　焼け跡からの再起

たナン・パーキンスは，その結果についてこのように述べている。「調査によってわかったことは，学生は本当にイーロンが好きだということです。教育の質が高く，コミュニティも友好的，施設やグラウンドなども好評です」。

　大学執行部はさらに，イーロンの地理的状況の有利な面にも注目し始めた。比較的温暖な気候に恵まれているだけでなく，イーロン・カレッジの東にはリサーチ・トライアングルやデューク大学，そして州の旗艦大学であるノースカロライナ大学チャペルヒル校があり，20 マイル西にはノースカロライナ大学グリーンズボロ校を有する急成長エリアが広がっている。ローリー・ダーラムとグリーンズボロの双方に空港があり，その間を高速道路が結んでいる。アラン・ホワイト（体育学教授／体育会ディレクター，1974 年着任）は，「イーロン・カレッジのある町自体は小さいが，ふたつの急成長中エリアに挟まれており，その両方にいくつかの大学が点在している」という点に注目した。

　これらの認識をきっかけに，ヤング学長は，イーロン・カレッジを地域の高等教育市場でどのように特徴づけ，他との差別化をはかることができるか，検討を開始した。理事会からの圧力もあり，執行部は，これまでとは異なる顧客のために新たな学部を作ることを決意した。これまでのようにノースカロライナ州やバージニア州といった地元から比較的低学力の学生（SAT で 750～1000 程度）を中心に受け入れるのではなく，アメリカ合衆国東部全体および海外から，より優秀（SAT で 900～1300 程度）かつ財政的にも中位層以上の学生にターゲットを定めようというのである。ある事務職員の言葉によ

れば「つまり,デビッドソンやデューク,プリンストンまであと一歩届かないレベルの学生をターゲットとした」ということだ(1982年版「Kudzu-Ivy Guide to Southern College」によると,イーロンはまだその時点では「成績が平均Cしかとれない学生を受け入れ,丁寧に面倒を見ようとする,小さなカレッジ」と記述されている)。

理事会は,この変革の過程において大変大きな影響力を有していた。これまで低額だった学費を平均的な額まで引き上げること,そして入学基準を引き上げることを,理事会が学長に強く進言した。「理事会があそこまで強く出なければ,自分一人でこの変更を押し切ることはできなかった」とヤング学長は振り返る。

イーロンの理事会は以下の2つのことを認識していた。一つは,高校の成績でトップ10%に入っていなくとも,SATでは国全体の平均値(920またはカレッジ・ボードによる調整値で1010)よりも少し上のスコアを有し,明るくて前向きな学生は山ほどいるということ。もうひとつは,アイビーリーグなどのエリート校やトップのリベラルアーツ・カレッジでは,富裕層や卒業生の子どもを受け入れるという伝統を離れ,より多様な社会,人種,経済的背景を有する最優秀の学生を広く受け入れようとする傾向が強まっていること。

イーロンの執行部は,これをニッチ市場と捉えた。つまりターゲットは,裕福な家族に愛されて育った,平均よりも少しよくできる学生である。現実的にみて,イーロンにはそれほど多くの選択肢は与えられていなかった。デビッドソン・カレッジでは学生一人当たり92,000ドルの,そしてギルフォードでは27,200ドルの寄付基金が備わっている一方,イーロンはたったの6,800ドルであった。高

等教育市場での競争力を高めるため，イーロンでは学生に対して豊富な奨学金を与えることはできないかわりに学費を低く抑えなければいけないと，それまで執行部は頑なに信じ続けてきたのである。

イーロン再建

新しい学生層をターゲットと決めてから，改革の方針はより明確になった。アドミッションズ・オフィスは，学生を州外に多く送り出している州(メリーランド，デラウェア，ニュージャージー，ペンシルベニア，オハイオ，ニューヨーク，コネチカット，ジョージアやフロリダ)において広報活動を開始した。また，私立の進学校に直接連絡をとり始めた。その結果，今では22％の学生が私立高校から進学してきており，ノースカロライナ州出身者は全体の30％にとどまるようになった。

富裕層学生を広範囲に集めるには，キャンパスをより近代的かつ魅力的にする必要があった。そのため，理事会と執行部は，募金事業を猛烈に押し進めるとともに，多額の借金によって建物の新築や改築のための経費を用意したのである。デューク・サイエンス・ビルのほか，メインの食堂，コンピュータ室，そして歴史的建造物であるアラマンス・ビルを全面的に改築した。ある理事の強い意見によって，1987年には近代的な芸術学部の校舎(あまり美しくはないのだが)が建てられた。さらに学生宿舎，コーリー・センター，6つの学生共同宿舎(ソロリティやフラタニティ)も新築された。同様に建てられたジミー・パウエル・テニス・センターは，1989年，『テニ

ス・インダストリー・マガジン(Tennis Industry Magazine)誌』によって全国のテニス施設の中でも十指に入るすばらしさと賞されている(イーロンは，長年，強いテニスチームを有している)。

　駐車場が噴水になったことは大きな変化をもたらした。ヤング学長は次のように評価している。「この噴水は，私たちの意識を変えた。そして，学生の親やその他関係者が私たちを見る目も変わった」。

　学長は次第に，キャンパスの美しさに強くこだわるようになっていった。共同体意識とお互いへの敬意の重要性について訴え，教職員学生に対してゴミを拾うよう呼びかけた。それは彼自身がいつもしていることでもあった。また，何か壊れているのを発見したらすぐ報告するよう呼びかけた。直ちに補修するためである。

　さらに重要な点として，教育プログラムも改編された。秘書学と衛生検査技術を専攻とする2年間の准学士課程を廃止するとともに，成績が基準に満たない学生は受け入れないこととした。ビジネス専攻を強化し，コミュニケーション学，コンピュータ・システム学，スポーツ管理学などを新しい専攻として導入した。さらに，修士課程においてビジネス(M.B.A.)と教育学(M.Ed.)を開設した。

　新しいタイプの学生に対応するため，1980年代において州内のどの私立大学よりも多くの教員を注意深く吟味し，採用した。採用プロセスは各学科に任せられていたが，責任者として全体の指揮をとっていたのは，当時のプロボスト(訳者注：教学面での最高責任者。教学担当副学長相当)であるワレン・ボード(1994年にノースカロライナ州にあるセント・アンドリュース・カレッジの学長となった)と，数学教授のジェラルド・フランシス(後のプロボスト)の2人だった。

第1章　焼け跡からの再起

　ビジュアル・アート専攻教員のマイケル・サンフォードは「ワレン・ボードの先を見通す力は見事でした。ジェラルド・フランシスは注意深く，目配りが素晴らしい。ものすごいコンビでした。教員組織を変容させたのはこの2人です」と当時を振り返る。若手の准教授マイケル・カルフーン（スポーツ管理学）によると「未だに『1985年組』という呼び名が一部で残っています。その時期に，顕著に有能な教員が何人も採用されていたから」とのことだ。1980年代，イーロンの教員数は74から125に増えた。

　一部の新任教員の要望をうけてプロボストが次に起こした行動は，「すべての科目のためのライティング」プログラムを組織化し，クリティカル・シンキングやパソコンを使ったライティングについての教員研修制度を立ち上げることだった。クレア・メイーズ（当時の人文学部長）は，1980年代中盤にバーバラ・ゴードン（当時の英語学准教授，現ライティング・プログラムディレクター）の影響がとても刺激的かつ重要だったとみている。教員には研修費用が与えられ，外部講師によるワークショップを学内で開催したり，シカゴ大学におけるクリティカル・シンキング・セミナーの他，さまざまな教員研修機会をみつけては参加することができた。教員はさらに，お互いを効果的に助け合うことも覚えた。「この一連の流れの中に，学部ごとの縦割り感は全くなかった。それまではあり得ないことだったが」と，カルフーンは振り返っている。カルフーンはスポーツ科学の専門家で，グローバル・スタディーズ専攻を教えていた。多くの教員は，授業内で一方的に話す時間を短くし，アクティブ・ラーニングや双方向対話の手法を導入した。

イーロン・カレッジの改革においては、とりわけ校舎の新築と新しい教員の雇用に経費がかかった。しかし、躍進のためとはいえ、これだけ経費をかけられるものだろうか。この変化への経費を確保するために執行部が実行した方法はどれも非常に巧みだった。

大学の収支は黒字が続いた。全体の収入に占める卒業生からの寄付金の割合は、1970年初頭には15％だったが、1990年には30％まで増加した。理事会メンバーの姿勢にも変化が現れ、企業トップや地域の有力者からも多くの寄付が得られるようになった。個人による寄付総額は、1979年の95万ドルから1989年には280万ドルまで跳ね上がっている。借入金額もさらに増やすことができ、1,200万ドルとなった。さらに幸運なことに、グリーンズボロとチャペルヒル／ダーラム周辺には、非常勤教員として働くことができる人材が多く住んでおり、うまく活用することができたのである。

独自性を打ち出すために

「質の良い組織は、決して立ち止まらない」。ヤング学長は教職員に対して、ことあるごとに繰り返した。1990年代に入ると、「90年代計画」が発表された。この計画は、(1)新しく、未来志向で、特色のあるカリキュラムを創る、(2)富裕層の学生をさらにひきつけるためにキャンパス整備を進める、(3)学術面の質を高める、という3つの目的からなる、非常にドラスティックな変化を求めるものであった。同時にヤング学長は、「東海岸部にある同類大学の中でトップを目指す」ことを明言し始めていた。

第 1 章 焼け跡からの再起

　ヤング学長は，この大きな発展を遂げるためには，2つのことが肝心だと感じていた。カリキュラムや課外活動に特色をもたせること，そしてこれまでにイーロンが行ってきたこと，つまりキャンパスの概観や財務管理の在り方から教学内容やキャリア指導など，すべての面において質を高めること，の2つである。この方向性を押し進めるため，理事会では1,800万ドルの寄付募集事業を行うことを決議し，理事自身からも合計500万ドルの支援が約束された。

　1991年，ジェラルド・フランシスのもと，教員による未来志向のカリキュラム改革が始まった。通常こういった改革プロセスは，何年にもわたる堂々巡りの議論の結果，最終的には「政治的判断」によるつまらない案に収束する，ということになりがちだ。初めのうちは，イーロンでも同じような事がおこっていた。一般教育改革委員会委員長のラッセル・ジル（ハーバードのPh.D.を持つ才能あふれる英語学教授）は，当初，できるだけ多くの関係者の意見を反映できるよう民主主義的な進め方にこだわり，そのため議論が収束しなかった。結局，ワシントンDCから仲介のプロが招聘され，ジルの働きぶりは一定の評価を受けたものの，最終的な決断はプロボストと学部長がしなければならない運びとなったのである。

　どっち付かずの状況を打ち破ったのは，プロボストのフランシスであった。イーロンにおける教学の本質を大きく変えるため，彼は，これまでの一つの授業の週当たり時間数を3時間から4時間とし，同時に3単位から4単位に増やすことを提案した。そして，この1時間の増加分で，アクティブ・ラーニングの要素を授業に取り入れることを前提とした。これにより，150近くの授業が削減され，教

員一人当たりの授業担当も年間9から6となった。

多くの教員はこの案に懐疑的であった。この案を実行するためには各学科でのカリキュラムを大きく変更しなければならず、教授方法も講義形式だけでは済まないし、学生からみた授業の選択肢が大幅に減ることを懸念したからである。この議論を突破できたのは、レラ・フェイエ・リッチ助手によるイーロンの学生に関する研究結果によるところが大きかったと、フランシスは後に語っている。

リッチ（現アカデミック・サポート・サービス副部長）は当時、歴史学助手の他、キャリア支援室のディレクターで、想像力豊かで活発に意見を言う人物であった。同僚の一人は、彼女を評して「自分の意見を言うことについて決して怖じ気づかない、イーロンの学生にとって何がいいのか考える上で最も影響力のある人物」と述べた。コンサルタントによる調査を使って入学者の特性を知ろうとする大学は多々あるが、実際に実行に移すケースは少ない。しかしイーロンでは、入学者の特性を知るため、リッチによって入学者全員を対象に MBTI (Myers-Briggs Type Indicator) という性格のタイプ別診断テストが実施され、その結果が詳細に分析されたのだった。彼女の信念は「大学のカリキュラム、教授法、課外活動、カウンセリング手法などは、学生の特性と合致する必要がある」というものだった。

数年にわたる MBTI 実施の結果、イーロンの学生には一定の特徴があることがわかった（MBTI では、内向型／外向型、感覚型／直感型、思考型／感情型、受容型／判断型の4つの基準から16の性格傾向を分析する）。リッチによると「イーロンの学生の多くは、図書館で静かに勉強するよりも、体験をつうじて感覚的に学んでいくことを得

意とすることがわかった」とのことだった。「一番多いのは ENFP タイプ(外向／直感／感情／受容)で，2番目は ESTJ(外向／感覚／思考／判断)でした。この結果はうれしかったです。私自身も ENFP ですから」。

　リッチはさらに，ENFP タイプは，統一テスト等ではあまりいい結果を残せない一方，読書や実験を通じて学ぶのと同じぐらい，クラスメイトとの協働学習や学外研修，インターンシップ，実際の生活体験，課外活動などから学び，成長するのが得意であることを指摘した。しかし多くのイーロンの教員は，他の大学でもそうであるように，INTJ タイプ，つまり内向的で思考を好む傾向があった。つまり彼らの多くは本の虫で，実際の生活経験よりも理論を好み，行動するよりも思索に耽っていたいタイプなのである。つまり，イーロンには，頭でっかちの教員と活力に満ちた学生の間に大きなギャップがあることが判明したのである。

　これを受け，変革の重要な局面において，リッチは，大多数の学生の特性に合うような経験学習型の新しい一般教育のカリキュラムを提案し，その賛同者を増やすために多様な関係者と協議を続けた。リッチがこのカリキュラムで工夫したのは，教員がこれまで慣れ親しんだやり方と，学生の好みとの融合であった。「学生が活動的なのに，机に向かって本ばかり読むようなカリキュラムを提供するのは意味がないですよ」。彼女がカリキュラム改革で一貫して主張し続けたのは，この点であった。そして，最終的には 60％の教員がこの案に賛成したのである。

　1993 年から 94 年にかけて登場した一般教育のプログラムは，経

験学習理論(訳者注:経験とその振り返り,理論的考察,再試行を通じて学ぶモデル)に基づくものだった。初年次教育の一環として,学生は「グローバル体験」プログラムへの参加が義務づけられた。このプログラムにおいて,学生は,海外研修(イタリアで芸術,メキシコで天文学,ヨーロッパで経済学を学ぶ,など)に参加したり,ダンス,文学,演劇,芸術や哲学といった表現系の授業を履修したり,ビジネスや行政の分野においてインターンシップに携わる機会を得た。そして,全ての学生に対してウェルネス(訳者注:健康的で前向きなライフスタイルの追究)の授業が必修となった。「この授業では,我々は学生に自分自身を詳細に見つめることを課しました。身体の状況,社会との関わり,自分の性,そして心の在り方について,自分自身と向き合うのです。長い人生をどうやって健康的でいきいきと過ごせるか,そして,どのようにして自分の人生に価値を持たせるのか考えることを目的としました」(マイケル・カルフーン)。

活動的な学生の要望に応えるため,コーリー・センターには新たなフィットネス施設が併設された。また,学生寮の近く,キャンパスの北側にはモズリー・センターという素敵な外観の学生施設を建設した。課外活動にも力を入れた。特に体育会は全体として常に強く,ほとんどの年において南部の大学からなる体育会連盟(South Athletic Conference)から優秀賞を受賞していた。「1992年から1994年は我々にとっては分水嶺となる時期だった」とフランシスは振り返る。

新たな学生層のニーズに応えようとする一方で,ヤング学長には気がかりなことがあった。この大学のキリスト教ルーツを重視する

第1章　焼け跡からの再起

一部の卒業生が，現在の変化をどのように感じているのか，ということである。学長は，伝統的な特徴をある程度残しておきたいとも考えていた。そして，カリキュラム改革を進める一方，「イーロン・エクスペリエンス」というプログラム案を打ち出した。この課外プログラムには4種類の経験機会が設定されている。ひとつは海外留学である。学長は異文化対応力の育成は非常に重要なことと捉えていた。2つ目はボランティア活動であり，自分よりも恵まれない人々への奉仕を重視した。たとえば，イーロンは，ハビタット・フォー・ヒューマニティ（訳者注：住居建築支援を行うNGO団体）のプログラムに参画した全米初の大学である。貧困層に対して家を一軒建築するにあたって，大学として5,000ドルを寄付する傍ら，学生自身で25,000ドルの資金を集めた。

イーロン・エクスペリエンスの3つ目は学外企業でのインターンシップである。年々人気が増し，今や80％もの学生が就業経験をもつにいたった。4つ目はリーダーシップ育成である。新たに立ち上がったイザベラ・キャノン・リーダーシップ・プログラムは非常に要求度の高い，厳しいものであった。このプログラムによって，学内には新たに数十もの学生リーダーの仕事が創出された。学生生活担当副学長のスミス・ジャクソンはこう振り返る。「イーロンには，私がこれまで見たことのないような活発な学生が集まっている。彼らは自分自身で会議の運営ができる。昨年は合計58,000時間分ものコミュニティ・サービスに従事し，また，大学近くのウィリアムソン通りに新たなカフェを開業させた。彼らは自信をもって行動を起こすことができる一方，学問的な部分で自信が足りない点もあっ

たが，それにも変化の兆しが見える。学生を学術的に強化するにあたって，教員が非常に適切な導きをしているからだ」。ジャクソンは，こういった課外活動の記録についても，成績表とは別に証明書を発行できるようにした。そのため学生は，大学時代にどのような活動を行ったのかを就職活動の中で提示できるようになった。

ヤング学長はこのイーロン・エクスペリエンスの成功を確信し，その継続的な発展のため，4つの部門それぞれに担当オフィスを設置した。「我々は4つの価値を選んだ。仕事，奉仕，リーダーシップ，そして異文化理解である。これら4つの価値は，現代の大学教育において過去の宗教理念におきかわるものであると，我々は，そのように捉えている」。

徹底した質の向上にむけて

新しいカリキュラムによって，イーロンでは学生に対してより多面的な(心，身体，奉仕精神，リーダーシップ，就業意識など)教育が行えるようになった。その一方で1990年代にヤング学長がめざしたことは，授業登録から卒業式の挙行にいたるまであらゆる部分において，質を向上させることである。この取り組みの中でとりわけ大きな成果がでたのは，ビジネス・オフィスと施設管理の2点である。

1992年，ジョージア州にあるアグネス・スコット・カレッジから，若い財務担当者であるジェラルド・ウィッティントンを獲得した。このカレッジは，同時，学生一人当たりの寄付基金額が全米で5位

という豊かさを誇っており，570人の女子学生に対して2億5,200万ドルの寄付基金を有していた。ウィッティントンは，「イーロンが挑戦しようとしていることに興味をもった」という理由で，ビジネス・財務担当副学長に就任した。彼はおとなしい性格ながらも大胆な案を繰り出すことのできる若い財務専門家であり，野望を抱きながらも財政面で課題を抱えるイーロンにはぴったりの人材だった。「1990年代に我々は大学全体を変革した。外部委託の活用，総合的品質管理の手法(Total Quality Management)の採用，他大学とのベンチマークなどを次々取り入れた。ただし，こういった取り組みが一人歩きすることを許さなかった」と彼は振り返る。

ウィッティントンは，事務管理と財政管理の効率性を改善するために，コンピュータ・システムを刷新した。彼はイーロンの財務表から，債券と現金での貯蓄が多い一方，資産運用や外部資金獲得の面が弱いことに気がついた。そして，投資を議論する理事会において，資産をひとつの債券会社と3つの株式投資会社(安定的な株，成長株，そして逆張り投資)に振り分けることを決定した。そして，1990年代の株式市場高騰により，イーロンの資産は40％増加したのである。

コンサルタントの支援を受けながら，ウィッティントンは独自の医療保険プランを立ち上げ，医療費コストの削減にも成功した。従来の損害補償方式から定額補償方式に切り替えた。医療費の70％を大学が負担し，残りが自己負担となる。このサービスに対応する医療機関のネットワークも立ち上げ，イーロン教職員による利用を促進するかわりに医療費を引き下げる交渉も行った。支払いに上限

ができたものの，十分な補償内容となっている。健康増進キャンペーンが教職員向けに繰り広げられ，禁煙，栄養学，血圧，糖尿病に関する研修も始まった。

ウィッティントン副学長とヤング学長，そしてプロボストのフランシスは，新入生に対する学費貸与制度の資金を，学費収入全体の12％に抑える方針を打ち立てた(多くの大学では35〜40％の設定になっており，これは危険水域に近い)。1993年，ウィッティントンは対教員及び対学生での職員数比率の比較調査を行った。その結果，同等規模の大学を比較した場合，イーロンでは職員数割合がとりわけ少ないことを発見した。そして，引き続き，無駄のない組織で効率よく事務運営を行うことを指示した。イーロンでは，この体制で十分やってこられたのだから，と。

ウィッティントンは，学食の評判が良くないことを知ると，教職員と学生からなる調査チームを組織し，国内でも特に学食の評判がよい大学に派遣した。1996年にはすべての食堂が全面改装され，食事内容や提供方法も刷新された。

ウィッティントンとフランシスは，毎年の財政計画を教職員にプレゼンし，各自の予算を効果的に執行するよう考えさせる機会を作った。ウィッティントンは胸を張ってこう言う。「イーロンは，小ぶりだが機動性の高いエンジンだ」と。

1995年初頭，イーロンのキャンパス整備は，ネイル・ブロミロウにまかされることとなった。ブロミロウは，アメリカ海軍の土木事業関連企業の元司令官で，明るくて活発な人物である。海軍時代には，アイルランドでNATO基地の建設にたずさわった経験をも

つ(校舎増築計画にともない,最近彼は建設事業責任者に就任した)。1995年に私が初めてキャンパスを訪問したとき,入り口付近に大きな手作りのポスターが掲示されていたのを覚えている。そのポスターには「施設管理担当者へ:みなさんの献身的な仕事に感謝します。キャンパスのサウスエリアに住むあなたの友人より」とあった。あらゆる大学の施設管理担当者で,学生からのこんなに愛と感謝に溢れたメッセージを受け取ることができる人がどれだけいるだろうか。イーロンの学生はその後も,大学生活で素晴らしいことのひとつにキャンパスの美しさを挙げるようになった。

　清掃担当チームは10人編成で,毎日「朝のパトロール」を行った。毎朝8時までに,キャンパス全体が隅々まで整っていることを確認するのである。ブロミロウはこの方針について「我々はこれをショービジネスのように捉えていた。つまり,ショーは毎朝8時に始まるのだ」と説明している。毎年すべての寮の大掃除と壁の塗り替えが行われ,キャンパス内のどこかで破損や故障があればすぐにスタッフが駆けつけた。最近まで,毎年100本程度の新しい樹木が植えられた(イーロンの名前がヘブライ語の「樫」に由来するため,キャパス内に植えられたのもほとんど樫の木である)。環境整備担当者はキャンパス全体を4つの区域にわけ,各担当者に美しさを競わせた。建築家のマクブライドは,キャンパス内の植物を地元の植生にあったものに限定した。毎年,春には色とりどりの花が咲きみだれる。

　1990年代の終わりまでには,学生の親からキャンパスの美しさを賞賛する手紙が,学長や執行部宛に届くようになった。学生の親はキャンパスを訪れ,写真を撮り,その美しさを誇りに感じるよう

だった。マクブライドは当時の印象を振り返り、「南部で最も美しいキャンパスに変貌するための真の改革だった」と結論付けた。

イーロンがそのあらゆる面での質を飛躍的に向上させる過程では、外部専門家による助言を活用したり、各業務責任者を優れた事例調査のために学外に派遣したりといった取り組みが頻繁になされた。一般教育の専門家(ジェリー・ガフ)は、カリキュラム改革を支援し、シラキュース大学の教育学研究者(ビンセント・ティント)は初年次教育を通じての学生間の絆作りが中途退学防止につながる点を指摘した。ハーバードの教員は、ケーススタディの活用方法についてワークショップを開催した。大学に関する広報とメディアの専門家(キース・ムーア)からもアドバイスを得た。他にも多様な専門家が、ワークショップやセミナーを通じてイーロンの改革にアイデアを提供している。1996年、ヤング学長の側近の一人は、学長についてこう述べている。「学長は、とにかくよく話を聞いて、アイデアを取り込むことのできる人だ。彼はクラーク・カー(訳者注:高等教育分野における著名な研究者)ではないけれども、専門家のアイデアを直ちに理解し、実行に移す能力がある」「学長は常に学び、成長し、ビジョンを拡大し続けている。彼もおそらくENFP(感性外向型)だ。典型的なイーロン生のようにね」。

イーロンは、各種調査チームを他大学に派遣した。ジムや学生センターの計画においては、教職員と学生から成るチームが、国内屈指の施設を訪問調査した。フランシスによると、彼自身、新しい図書館のために5人のメンバーとともに国内10カ所の最高レベルの図書館を訪れ、最も素晴らしい面だけを選択してイーロンの図書館

第1章 焼け跡からの再起

計画に盛り込んだという。ウィッティントンは,「我々が新たに作ったベルク図書館は,考えうる限りのすべての最高の機能を備えていて,おそらく国内で最高の施設になりました。設計においては,ボストンにある建築会社（Shepley, Bulfinch, Richardson and Abbott 社）に業務委託し,建築物自体も素晴らしい仕上がりとすることができました」と述べる。

しかし,ビジョンはどこに?

1994 年 8 月,マクラリー講堂に集まった教職員を前にしたヤング学長は,次のことを高らかに宣言した。まず,1990 年代の達成目標数値をわずか 4 年で達成できたこと。さらには,1,800 万ドルの資金到達目標を 1 年前倒しで達成し,新しい一般教育プログラムを 1994 年秋学期から開始する準備が整ったこと。彼は続けて,「我々は過去数十年に渡り前代未聞の成長を続け,今やその頂点に立っている。イーロンには,さまざまな業績や成功事例があふれている」と述べた。彼がこれほど嬉しそうに話すのは珍しいことだった。

しかしその 1 年前,理事長（ワラス・チャンドラー）は,学長に対して「イーロンはこの先どのような教育機関を目指しているのか」と問うていた。そこで,理事と教職員からなるタスク・フォースが立ち上げられ,将来戦略「イーロン・ビジョン」の策定が始まった。完成した「イーロン・ビジョン」では,イーロン大学はこれ以上規模拡大を目指さず,お互いの顔が見えるコミュニティであり続けるため,学部学生数を 4,000 人以下にとどめることを明言した。

「イーロン・ビジョン」ではさらに以下の4つの点を指摘している。1点目は，教員の昇給が先送りになっていること(その後1997年から98年にかけて，教員に対して大幅な昇給があった)。2点目は，新しい教員や一部の優秀学生をのぞき，まだまだ学術面の質の強化が必要であること。1996年に実施された4年生対象調査の結果，一部の教員の能力が十分でないことや，一部の学科ではまだ学生にとって魅力的なカリキュラム(能動的学習法やインターンシップを取り入れたような)が開発されていないことが明らかとなった。教員の中には，学生がもっと勉強熱心になるべきだと指摘する者もあったが，ジャクソン(学生生活担当副学長)は「私たちにとって，知的エリートでない学生層こそが貴重なニッチ市場なのだ。イーロンを，学業優秀な学生と教育に関心のない研究者志向教員だけの集団にすべきではない」と主張した。

　3点目は，3つの新しい施設の提案である。最新鋭図書館，理系校舎，そして8,250席を有するスタジアムである。これらの建設には合計4,500万ドルかかる見込みとされた。さらに4点目は，寄付基金を5,000万ドルまで倍増させることである。この点は，ヤング学長にとって苦手分野であった。彼の側近は「学長は入学政策や大学作りには長けているが，寄付集めの経験はそれほどない。学長自身，突如として新たなことを学ぶ必要性にさらされた」と振り返る。ウィッティントンも「大学としては，一流のキャンパス作りのため，融資や資金強化が必要だった。寄付集めは中心課題となった」と指摘した。しかし，ヤング学長はひるまず，「つまり，私は4つの異なるイーロンの学長を務めてきたということだ」と笑って認めた。4

つのイーロンとは，彼が引き継いだばかりのイーロン，1979年から89年の成長期にあるイーロン，1990年から95年の変革期にあるイーロン，そしてその後のイーロンである。ヤング学長は，募金事業の目標を4,000万ドルとし，その資金をもって「イーロン・ビジョン」を実現させる方針を打ち出した。

1997年までにイーロンは明らかに新しい機関にうまれかわり，アカデミック・コミュニティとしての団結力も増した。毎週火曜日の午前中には，計画時には賛否両論だった噴水の周りにあらゆる教職員学生が集い，コーヒーやドーナツ片手に休憩時間をともに過ごす。この30分間には，学生が教員や学長，施設管理係，時には理事とも直接会話することができる。一方，司祭でもあるリチャード・マクブライド教授はその頃から，新しいコースの中で，地域のヒーローをたたえる仕組みを考え始めていた。イーロンは数年の間に大きく変革したが，このコミュニティにおいてお互いを思いやる心は全く失われなかった。1995年の秋に新しく赴任したジュリアン・メイハーが驚いたのはまさにこの点だったのだ。

しかし1997年，イーロンに新たな議論が巻き起こる。その火種となる発言をしたのは，他ならぬヤング学長その人であった。

第2章 新リーダー，新方針

　1997年秋，イーロンは新しい方向に舵を切っていた。入学希望者の増加は続き，この年には前年比15％増を記録した。1995年に発表された「イーロン・ビジョン」は正に達成されつつあった。教員給与は上がり，若くて優秀な教員が新たに採用され，新カリキュラムも導入された。新しい理系校舎はある学生祖父母の多額寄付によって建築ができることとなり，また，最新鋭の図書館建設には1,300万ドルがつぎ込まれた。さらにフットボールスタジアム建設に向けて，ヤング学長は寄付集めに奔走し，4,000万ドルの達成目標のうち3,000万ドルをほぼ集め終わっていた。一方，株価は引き続き上昇していた。

　そんな最中の1997年11月，ヤング学長は誕生日を迎え，64歳となった。1973年から24年間ずっと学長を務めてきたが，まだ力の衰えは感じていなかった。しかし，実はこの秋にはすでに引退の意志を固めていたのだ。そこで彼は，クリスマス休暇明けに，理事や教職員の前で，1998年12月31日をもって引退することを宣言した。イーロンの誰もが唖然とした。ヤング学長はこんなにも長い間皆のリーダーで，皆を引っぱり，さまざまな計画に取り組み，調整し続けることで，イーロンがすばらしい場所で在り続けるため大きな貢献をしてきたのだから。

　「正しい時期に判断できた」と，ヤング学長は言う。「イーロン・

ビジョン」はほぼ形になりつつあり，次のステージに向けて新たな方針が必要となる時期だった。4,000万ドルのキャンペーンもほぼ達成していた。何よりヤング学長は，自分とは少し異なる，新しいリーダーがイーロンには必要となっていることを感じ取っていたのである。

　他にもこれを後押しする動きがあった。たとえば，ヤング学長は現場主義者だったが，イーロンの組織は拡大し，学長がすべての実践に直接触れられる規模を超えてしまっていた。また，学内広報誌「インディペンデント」1998年夏号でのインタビューで彼自身，寄付募集や教学問題を得意としないことを認め，「私は，大学を進展させることよりも，イーロンの特徴を社会でどう位置づけていくかというテーマにおいて力を発揮できたと考えている」と述べている。

　またヤング学長は，大学運営の効率化を第一に考え，結果を重視するタイプ，つまり典型的な大学管理者としての自己を認めていた。インタビューでは「私は現実的な計画を立てるのが好きなのです。自分がどこで何をするのか具体的に言えない状況は堪え難いのです」と述べている。そして，イーロンが学術レベルでも向上できるよう，次の学長にはもっと研究者としての資質も兼ね備えた人物が必要だと主張した。曰く，「自分でももっと学術面での創造力を発揮したかったのですが，実際そうできたとは感じていません。我々のカリキュラムは素晴らしいが，それは私が創り出したものではないのです」。

　これを受け，理事会では新学長募集のための準備を始めた。14人からなる委員会(理事9名，教員2名，職員2名，学生1名)の委員長には，理事であるノエル・アレン(69年度イーロン卒，弁護士事務

所代表)が選出された。委員会ではコンサルタントの指導のもと，あらゆる手段を使って候補者を探し始めた。数カ月後，委員会には145名の候補者リストがあった。それぞれの委員が候補者一人一人の情報を注意深く読み，最終候補者を10名程度にしぼる作業を行った。

　委員会では，次の学長候補者の資質として，ヤング学長のように，改革に向けて行動力があり，新しいアイデアを取り入れることができ，コミュニティを大切にできることが必須であると認識していた。またそれだけでなく，学者肌で資金集めもでき，かつさまざまな重要な学外会議におけるコミュニケーションを苦手としない能力も重要であると考えていた。面接選考の後，候補者は2人に絞られた。委員会は2つのチームを編成し，候補者の職場においてさらに深く調査を行った。

新人登場

　2人の候補者のうち一人は，ウィスコンシン大学ラクロス校で教学担当副学長を務める42歳の人物，マイケル・レオ・ランバートだった。ランバートは，『チェンジ(Change)』誌上で，アメリカ高等教育における次世代リーダーとして選ばれたことがある。高等教育の世界に彗星のごとく現れた彼は，大学の主要ポストをつとめてきた。彼は，弱冠23歳にしてバーモント大学のリビング・ラーニング・センターの副センター長に就任していた。そしてシラキュース大学において高等教育学博士課程に入学し，速やかに学位を取得，

第2章 新リーダー，新方針

そしてそのままシラキュース大学教育学大学院で教鞭をとった。数年後には大学院の副研究科長に選ばれ，同時に大学院生を教員としてトレーニングする課外カリキュラムのディレクターもつとめた。教員に対するトレーニングと評価方法についての論文数本と本を2冊出版したのち，教授として，そして副学長補佐として，ウィスコンシン大学ラクロス校に迎え入れられた。

1996年7月，ランバートは，ウィスコンシン大学ラクロス校でプロボスト兼副学長のポストに選ばれた。その21カ月後，彼は，ノースカロライナ州にあるイーロンという大学の学長候補として誰かに推薦されたことを，手紙によって知ることになる。「イーロンという名前は中西部では知られていなかったので，手紙を読むのは後回しにしていた」と彼は語る。次の手紙が届いたとき，彼は履歴書等を送り，学長就任の意志を示した。そして1998年10月，イーロンの理事会はランバートを8代目学長に選出した。理事であり，選考委員であったゲイル・ドリューは，「ランバートは，衝撃的な人材だった。飛び抜けて革新的で，教育のできる研究者であり，また熱心な仕事ぶりもうかがえた。ランバートの前任校を訪れたとき，彼の秘書はランバートが転職するかもしれないと知って泣いた。彼はきっと特別な人材なのだろうと，私は確信した」と説明する。

ランバートはキリスト連合教会の会員でもあった。この教会とイーロンにはまだ緩やかな関係がある。一方で，彼の寄付獲得能力に対して疑問を抱く委員もいた。しかしこの問題は，学内にいる2人のアドバイザー（多くの卒業生を知る元学長で今も教鞭をとるジェイムス・アール・ダニエリーと，過去に大学改革担当副学長だったジョー・

ワッツ・ウィリアムス)の力を借りることで乗り越えられると判断された。

ランバートは，1999年の初頭に初めてイーロンに到着したとき，自分が非常に暖かく迎え入れられたのを覚えている。そして最初の5カ月間，学長補佐のサラ・ピーターソンは，学長のために導入プログラムを企画し，卒業生や学生，教職員，地域のリーダーと出会う場を提供した。ランバートは「彼女はすばらしかった」と振り返り，ドリューも「学長選出過程での彼女の感性と調整能力は見事だった」と評価している。実際ランバートは，イーロンの上位役職者はみな驚くほど優秀だという印象を受けていた。

到着して数カ月の間に，ランバートは人事面で2つの変革を行った。ひとつは，教学担当副学長ポストを削減することである。このポストは，フランシスの務めるプロボスト職と混乱されやすく，教員からみて責任範囲が不明確だった。削減対象となったポストにいたメイハーは，現在ウェストバージニア州にあるホィーリング・カレッジの上級副学長をつとめている。解雇のプロセスは可能な限り良心的に行われた，と彼女は振り返っている。当時の彼女は，イーロンが拡大し過ぎる一方，寄付基金の少なさから奨学金を十分与えることができず，経済的に不利な学生の受け入れが減っていることを問題視しはじめていたものの，やはり彼女もイーロンを心から大切に思う一人であった。

もうひとつの人事改革は，企画開発担当副学長への新たな人材獲得である。当時その職にあったジャック・バーナーはこのポストにあまり向いていないと本人も含め多くが感じており，1年ももたず

第 2 章　新リーダー，新方針

に他大学に転出したところであった。そこで，ランバートは後任にナン・パーキンスを選んだ。パーキンスは，アドミッションと財務政策の担当部長として 11 年間に学生募集・選抜プログラムを大きく発展させた実績に基づき，企画開発担当副学長に抜擢された。2000 年 4 月，彼女は，前は学長室だったホランド・ハウスの新しいオフィスに引っ越した。一方アドミッション業務については，彼女の最高の補佐役であったスーザン・クロップマンが引き継ぎ，さらに良い成果を出していくであろうことにも確信をもっていた。

　募金事業責任者であるマイケル・マグーンの素晴らしい働きもあって，パーキンスは 4,000 万ドルの目標額を早期に達成し，2001 年に 4,760 万ドルをもって終結させた。引き続き彼女は 1 億ドルの目標額を打ち出すと同時に，彼女自身の補助役を雇用することにした。入学政策に関わっていた時と同じように，彼女はいくつかの優先方針を明確にしていた。ひとつは，基金団体からの助成を得ること。これは，過去イーロンではあまり積極的に取り組まれてこなかったことである。2 つ目は企業からの寄付，そして 3 つ目は高齢者の遺贈寄付を増やすこととした。そしてこれら 3 つの取り組みを加速するために新しく人を雇った。パーキンスは，学生父母からの寄付がとりわけ多いことについて喜ぶ一方，「卒業生による寄付基盤に頼れるようになるにはまだ 10 年かかるだろう」とも考えていた。過去 8 年間の卒業生合計が，1889 年から 1995 年の間の合計を超える程度の卒業生数であり，大学に対して寄付をする者は全体の 30% 以下にとどまっていたからである。

　イーロンでは，卒業生・父母担当ディレクターとしてシンディ・

ウォール・サーウィ博士(87年イーロン卒)が採用された。彼女はイーロンの同窓会組織を刷新する必要があると考え、「同窓会を活発にし、卒業生がみな大学に貢献したいと感じられるような仕組みを作る」ことを計画した。イーロンが同窓会組織を重要視したのは、1990年代後半に入ってからのことであった。

1980年代から90年代にわたる一連の改革、そして革新的な入試制度の改編の結果、学生の出身層がより裕福になっただけでなく、父母の気質にも大きな変化が見られた。すなわち、高学歴で教育熱心、大学での学生サービスに対する質問が多い一方、大学に対する支援も惜しまない——少なくとも自分の子どもの在学中は。イーロンの財政基盤はあまり強い方ではなかったため、父母からの熱心な協力は願ってもないことだった。そこで、父母協議会が設立された。そのメンバーは、学士課程25クラスから選出される合計100家庭の父母代表である。同メンバーは入学審査時に選抜され、学長名の手紙で招聘される。

1995年から2002年の間卒業生・父母担当ディレクターをつとめたメアリー・ルース(66年イーロン卒)は「父母協議会に入りたがる方が増え、自分が招聘されるようロビー活動をする人まで出てきました」と述べている(ルースは2002年12月、ニューメキシコ州アルバカーキにあるアメリカン・インディアン学校での仕事のため退職した)。

父母協議会は毎年10月と4月に招集され、ランバート学長から直接大学の現況について報告を受けるとともに、学生生活に関するさまざまなトピックを扱う分科会において意見交換が行われた。多くの父母協議会メンバーは大学について多くを知りたがるため、彼

らからの質問や提案への対応に(すでに多忙な)毎日の3分の1近くの時間を割いていたと,ルースは振り返る。

　父母協議会では15万ドルの資金を集め,奨学金基金とした。また,自分の子どもが——そしてもちろん他の学生も——最高の医療サービスを受けられるよう,大学保健センター設立の目的で25万ドルを集めた。今や,毎年学費に加えて寄付をする家庭は3分の1を占めるようになった。イーロン卒業生の父親であるウォレン・ローズは1997年に200万ドルの寄付を行い,1,200万ドルのフットボールスタジアム建設を後押しした。イーロンのフットボールチームは55年の間,バーリントンの市営スタジアムまで通っていたため,キャンパス内にスタジアムをもつことはイーロンの念願であった。完成したスタジアムは,この父親の名をとって「ローズ・スタジアム」と名付けられた。

体育会活動の躍進

　ローズ・スタジアムの建設は,1999年から2001年にかけて行われた。建設にむけて綿密な調査が行われたが,そこでちょっとした残念な出来事があった。イーロンの役員は,スタジアム建設のためにいくつかの最高の大学スタジアムを見学し,カンザス・シティにある建設会社(Ellerbe Becket)に業務を委託した。スタジアムのフィールドはNFLで使用されるのと同じ芝生を使用,そして8,250の客席を用意することとなった。そしてそのフィールドは,サッカーもできるように通常より大きめに設計された。

しかし，地質調査が入った際，その地下には湖があることが判明したのである。建設責任者のブロミロウは「幸運なことに，イーロンはアラマンス・コミュニティの最も高い位置にあるので，地下水の流れを作るためのパイプを通すことができた」と言う。フィールドの地下には砂を敷き詰め，大雨のあとでもすぐに芝生が乾くような工夫がされた。レンガ造りの鐘楼やアーチ型の入り口など，スタジアムは魅力的な外観に仕上がった。2001年9月22日に公開されるやいなや9,000人もの来客で大入り満員となり，またモーズリー・センターの裏の芝生エリアではテントをはって楽しむ人もあらわれた。このようにして，他大学でよくあるような土曜日のお祭り騒ぎを楽しむ習慣ができたのである。

また，マーチングバンド「The Fire of the Carolinas」がエンジと白のユニホームで登場し，人々を驚かせた。ランバート学長は，イーロンにはマーチングバンドを作る必要があるだろうと考え，参加学生を募るために学部生全員に手紙を送っていたのである。その結果，80人を超える学生から希望がよせられ，体育会責任者のアラン・ホワイトを驚かせた。

スタジアム建設は，イーロンをより魅力的で目立つ存在にするための戦略のひとつでしかなかった。理事会も，歴代学長も，イーロンはもっと体育会活動を強化して，地域で評判を呼ぶと同時に，より活動的でチャレンジ精神旺盛な学生を惹きつけたいと考えていた。そして過去10年間に，コーリー・センター（バスケットボールとバレーボール），イースト・ジム（トレーニング），レイサム野球場，ソフトボール場，そしてオリンピックレベルの陸上競技場を次々と完

成させた。今や東部で一番の運動施設を誇り，体育会活動の年間予算も 1996 年度に 220 万ドルだったものが 2002 年度には 550 万ドルまで拡張された。

1990 年代の初め，イーロンは NAIA を離れ，より広く知られた全米大学体育協会(NCAA：National Collegiate Athletic Association)ディヴィジョン 2 に加盟した。そしてその直後，NCAA ディヴィジョン 1 への昇格をめざすべきかどうか，イーロン内で調査研究が行われることとなった。2 年にわたる研究の結果，昇格をめざすべきとの方針が理事会で定められ，1999 年には NCAA ディヴィジョン 1 入りを達成した。この動きにより，体育会関連奨学金の数は 67 から 140 に増え，男子 7 種目，女子 9 種目において選手の強化を行うことができた。また，監督教員の担当授業数は軽減され，選手のリクルートに時間を割けるようになった。

イーロンの野望が途絶えることはなかった。入学希望者層や学術レベルの近い大学が所属する体育連盟，とりわけ南部の大学からなる連盟(サウザン・カンファレンス)への加盟を熱望していた。この協会では，ディビッドソンやファーマン，ウォフォード，ノースカロライナ大学グリーンズボロ校など名の通った大学がメンバーとなっていた。ランバート学長と体育会責任者のホワイトは，サウザン・カンファレンス加盟校を次々と訪問し，ロビー活動を行った。そして 2003 年，メンバー校のひとつ，軍事関連のトップ人材を輩出することで有名なバージニア軍事大学が突然脱退を表明し，イーロンが新たに加盟できることとなった。こうしてイーロンの各体育会チームは，より学術的に充実した大学と競合できるようになったので

ある。「これは著名大学群に入っていくための重要なステップだった」とフランシスは振り返る。

　こうして体育会活動が強化されている一方で、ひとつ新たな問題が浮上していた。イーロンのチームは、その宗教的背景から「闘志あふれるクリスチャン(Fighting Christians)」を愛称としていたが、1990年代の入試政策によって、学生の宗教背景はすでに多様化していたのである。ランバート学長はユダヤ教徒の学生の親から否定的意見を聞いていたし、キリスト教徒の学生ですら違和感を示す者が多数あった。ランバート学長はさまざまな関係者に意見を聞いた。とりわけ昔の卒業生から名称変更に対して反対意見が示されたものの、ランバート学長の強い意志により、イーロンのチームの愛称は1999年から「フェニックス(Phoenix)」となった。フェニックスとは不死鳥のことであり、一旦焼かれた後、灰の中から奇跡的に復活したという伝説は、まさにイーロンの1923年の大火とその後の復興を思い起こさせる。また、フェニックスには、とびきりの秀逸性や模範という意味もある。「名称変更の交渉では、強い反対意見もあり、今後は一銭も寄付しないとも言う者もいたが、一旦新しい愛称が決まってからはそういった声も聞こえなくなった」とホワイトは振り返る。デボラ・ヨウボウデン(74年イーロン卒)はかつての優秀選手、今はメリーランド大学の体育会責任者であるが、彼女の反応は多くの関係者の意見を代弁している。「愛称変更の話を聞いた時はとても腹が立ちました。小さいけれど闘志にあふれた自分たちの時代を大事に思っていたので。でもすぐに、愛称変更が必要なことを理解しました」。

第 2 章　新リーダー，新方針

　残る問題は，この体育会活動をどうやって財政的に支えていくのかということだった。つまり，イーロンの資金基盤はその拡大路線を支えるのにまだ十分ではなかったのである。1973 年以来イーロンは「Fighting Christian Club」という小さな組織を運営していたが，1997 年にはイーロン体育会基金を立ち上げ，企画開発担当オフィスの中に資金調達担当者を専任で雇用した。この新たな基金を受け皿にいくつかの大きな寄付を獲得，2001 年度には新たな体育プログラムのために合計 35 万ドルを獲得した。体育会活動強化や施設の充実は多くの学生に歓迎され，実際に活動に従事する学生も多かった。ラクロスやラグビー（女子チームも），馬術，アルティメット・フリスビー，バレーボールの他，ラフティングチームは毎年ウェストバージニア州へ，ロック・クライミングチームはピロット山へ，そしてカヤックチームはノースカロライナの海岸まで遠征に出かけることができるようになった。

　学生の成長をあらゆる方面から支え，その結果を賞賛するというイーロンの伝統は，このようにしてしっかりと根付いていったのである。

第3章 学生の満足度をあげるために

　イーロン大学の元教員，リチャード・フッドは，現在准教授としてオハイオ州デニソン大学で勤めている。彼は古いアメリカ・カントリー音楽の専門家で演奏者でもある。彼はイーロン在職中の1987〜1990年にシアーズ・ローバック基金(Sears Roebuck Foundation)から優秀教員賞を受賞した。彼は，イーロンでは教員を大いに働かせるし，テニュア(訳者注：教員の終身在職権)のポジションが得られるチャンスはあまりなく，有力な学者や研究者はほとんどいなかった，としながらも，以下のように振り返った。「イーロン大学で過ごした時間は最高でした。多くの大学が主張するだけで実践しない2つのことがイーロンでは実現していたのです。そのひとつは，教員と事務職員との間に常時温かく友好的なコミュニティが存在していたこと。もうひとつは，学生と学生の成長に対する心からの配慮があったこと。大げさではなく，多くの教員は学生を愛していました。私は今も複数何人かの元学生とやりとりをし続けています」。

　イーロン大学は，1990年以来さまざまな方法で変化してきたが，学生の知的・社会的成長を中心に考える姿勢は常に堅持されてきた。それはさまざまなイニシアティブや必修科目制度，イベント等を通して達成されてきた。

　イーロンでの丁寧な対応は，入学希望者による問い合わせの段階から始まる。学生やその父母によれば，全ての電話，手紙，電子メ

ールによる問い合わせには，直ちに素早くかつ丁重な返答が得られるという。その返答を行う入学担当者または奨学金担当者は，明らかにしっかりとした訓練がされているのである。そして，賢くて感じの良い学生がキャンパス訪問者のガイドを務める。他大学も似たような事を行ってはいるが，イーロンではもう一歩進んだ取り組みを行っている。

 そのような活動の一例として挙げられるのが，3月上旬に開催される「フェロー・コンペティション・ウィークエンド(Fellows Competition Weekend)」である。イーロンの提供するさまざまなフェローシップのプログラム(オーナーズ・フェローシップ，イーロン・カレッジ・フェローシップ，ジェファーソン-パイロット・ビジネス・フェローシップ，ジャーナリズム・コミュニケーション・フェローシップ，リーダーシップ・フェローシップ)に応募中の学生がキャンパスに招待され，教員や現フェローと交流するのだ。2003年には400人以上の応募が寄せられ，面接の他，授業やゼミへの参加，情報交換の機会が提供される。このイベントの効果は，その結果にあらわれている。フェローシップを得られない学生であっても，その30％はイーロンに入学しているのだ。

 イーロンの学生中心主義は，新入生のオリエンテーションを見ても分かる。オリエンテーションは主に3年生と4年生が担当するが，うち12人の学生リーダーは，大学の研修センター，セブン・レークス・リトリート(Seven Lakes Retreat)で3週間の事前研修を受講する。また，オリエンテーション担当学生は，教員と共に1年生向けセミナー「イーロン 101」を教える。このセミナーでは大学，クラ

ブ，スポーツチーム，図書館，寮内の人間関係やボランティア機会など，イーロンでの生活のあらゆる側面が紹介される。授業の担当教員は，1年生が専攻を選ぶ上でのアドバイザーを務める。

　大学生活を始めるにあたり，イーロンでは新入生は非常に大切に扱われる。そのため，2002年にブレヴァード・カレッジ(Brevard College)の初年次教育政策センターにおいて，イーロンは全米で最も優秀な初年次教育を行う機関として選ばれた。また，同年，『タイム(*Time*)』誌の2002年ベスト・カレッジ特集でもイーロンが選ばれた。イーロンでは，新入生の84〜86％が第2学年に進級する。この割合は，全米トップ大学の進級率を少々下回る程度だ。学生が進級しない主な理由としては，ホームシックや，財政問題，大学のロケーションが挙げられる(イーロンの町は小さい。キャンパスに直結した短いメイン・ストリートに短く，雑貨屋，本・CD店，洋服屋やレストランといった施設が無い)。教員やまわりの学生，学内のさまざまなプログラムに関する批判はほとんど聞かれない。

学生募集

　前学長フレッド・ヤング在任中から現学長レオ・ランバートに至るまで，学生募集戦略は中心的な課題だった。志願者の増加は，その政策努力が成功した証であり，イーロンが成功した主たる理由のひとつでもある。

　イーロン大学の学生募集方法は，他の主要な大学に比べて特別なものではなく，多少の特徴がみられる程度である。しかしそのプロ

セスは大変競争的に行われる。イーロンのアドミッションズ・オフィスは同レベルの大学よりも大きく，そこではサポートスタッフを含む28名の職員が働いている。その職員の3分の1は，常に各地を飛び回って高校を訪問し，毎年新規開拓を行っている。イーロンの学生募集活動が他校と異なっている点について尋ねたところ，いくつかの答えが挙げられた。まず，イーロンは大学案内資料を魅力的にするために多くの予算を割り当てている。イーロンでの学生生活を紹介する印刷物や動画は，教育発展支援評議会(Council for Advancement and Support of Education)による賞を何度も受賞している。元ディレクターのナン・パーキンズによれば，イーロンはおそらく他大学よりも多くの資料を入学希望者に送付している。また，年2回，学生とその父母のためにオープン・キャンパスを開催している。これも他大学とほぼ同じであるが，ひとつ異なる点がある。イーロンでは多くの教員が参加し，ディスカッションのファシリテータをつとめるのだ。また年2回，州内外の高校の進路カウンセラーがイーロン視察に招かれ，学生や教職員と直接会話し，教育プログラムについて詳細に知る機会も用意されている。

　キャンパス外では，30以上の都市でイーロン主催のレセプションが開催される。そこにはイーロンの教員，学生，そして，その父母が必ず参加し，イーロンへの入学を検討中の生徒やその親と会話をする。アドミッション・ディレクターのスーザン・クロップマンは「学生募集の際は，卒業生よりも学生のご両親に協力頂くことが多いです。彼らの効果は絶大です」と語る。イーロンはすべての問い合わせに迅速に対応する。

アドミッションズ・オフィスの職員たちは，地理・人口統計に関する調査結果を活用して，イーロンの求める学生がどこにいるのかを探り，カレッジ・ボード社から大学進学希望者リストを購入している。とにかく細かい点まで徹底的に追求するのだ。「ご両親や生徒の期待を超えられるよう，努力している」と，ある職員は述べた。

生徒とその親がイーロン大学を選ぶ理由は何だろうか。「彼らの選択に影響を与えている理由は，ひとつではない」とクロップマンは語る。イーロンの規模（大き過ぎず，小さ過ぎず），魅力的なキャンパス設備，教育や学生を中心とする姿勢，小さな町の環境や温暖な気候，イーロン・エクスペリエンスやスポーツチーム，そして海外留学やインターンシップの機会などが，その理由とされる。そして，ある職員は，さらに2つの要因を強調した。それは，コストと友好的な環境である。まずコストについてであるが，イーロンは同タイプの大学よりも必要経費が少ないため，イーロンを選べば6,000ドルの奨学金を得られたのと同じ計算になるということ。そして，環境については「友好的で温かい環境を宣伝する大学は数多くありますが，我がイーロンではそれが口先だけの事ではなく，日々実践されていることなのです」ということだ。

過去数年の間，入学希望者によるインターネット利用がはじまり，電子メールでの問い合わせやオンライン出願も急激に増加したため，近年アドミッションズ・オフィスの職員はその対応に追われてきた。「ウェブ活用は，私たちの業務を大きく変えました。より消費者中心的になったのです」と，クロップマンは述べている。

第3章　学生の満足度をあげるために

学習者のための環境

　最近の高等教育業界では，学習者としての学生を中心と考える教授法の重要性を説く声が大きくなりつつある。従来のカリキュラム構成や時間割は，教員が教えることができる，または教えたい内容に基づいて作成されることが多かったが，学習者中心の教授法はそれにとって代わるものである。元ヤング学長の考え，そして大学の資金不足もあり，イーロンでは20年以上も前から学生を最優先においてきた。大学執行部は，近代的な図書館と最先端の理系校舎に先んじて，スポーツ設備，フィットネスセンター，美しいキャンパスや大規模な学生センターを建てた。そして，キャンパス内に新たに10棟の寮とコモンズ・ビルが造られた。この施設群は前学長に因んでダニエリー・センターと名付けられた。またカリフォルニア，スミス，ウェストといった古い寮の改築も行われた。学生たちはこれらの施設の恩恵を受けている。全ての生活区域寮は，大学のコンピュータ・ネットワークにつながっている。

　さらに，多くの学生の希望に応える形で，寮内には7つのリビング・ラーニング・センターを設置した。このセンターでは，共通の興味関心(芸術，科学，あるいはグローバル・スタディなど)をもつ学生が一緒に暮らし，ともに学んでいる。また，過去5年に新たに6つ学生共同宿舎(フラタニティとソロリティ)を建てた。それぞれの宿舎は学生マネージャーによって運営されており，それぞれ10〜12名の学生を監督している。学生総数の約3分の1は，19の学生共同宿舎(内7件は，アフリカ系アメリカ人用)に住んでいる。

一番新しい学生生活の場として、さらに2つの建物群が追加された。これは、ランバート学長が主張したアカデミック・ヴィレッジ構想によるものである。この大きなパラディオ様式の建物群の一部は教室棟であり、芝生で覆われた中庭を取り囲んでいる。これはトーマス・ジェファソンがバージニア大学のために計画したものと似ており、率直に言ってイーロンのものはバージニアのまねである。これについてランバート学長は、「我々は、世界を小さな村として捉えるというジェファーソンの見方が気に入ったので、アメリカの伝統としてそれを表現したのです。イーロンのアカデミック・ヴィレッジはジェファーソンのデザインに対して敬意を表します」と記している。

　これら2つの建物群(イザベラ・キャノン・インターナショナル・スタディーズ・パビリオンとウィリアム・R・キーナン・オーナーズ・パビリオン)には22名の留学生と22名のオーナーズ学生が暮らしている。各エリアには教員用の住まいと教室が備えられている。学生部長補佐のジェフリー・ステインは「イーロンでの学生宿舎は多様であり、学生に最大限の選択肢を与えるものだった」と語っている。

　イーロンが作成するパンフレット類は学生にとってどれも魅力的に作られている。最近の学生は、溢れ出さんばかりに鮮やかに紙面を飾る鮮やかな写真や印字によって惹きつけられやすいということで、デザインにもそういう要素が取り入れられている。イーロンは自らのプログラムと特徴を説明した印刷物を発送しているが、その印刷物はいかにも大学の宣伝資料らしく、熱烈なキャッチフレーズで埋め尽くされている。とはいえ、それらの内容自体は良く書かれ

ている。また有益な事実や美しい写真によって，学生生活の活気が十分伝わってくる出来映えだ。学生生活担当のジャクソン副学長は「イーロンの学生は非常に活発です。毎年新たに4～5つもの学生組織が立ち上がるのですから」と言う。

　今日の，学生たちは，テレビ，コンピュータ，インターネットとともに育ってきた。そのため，また，イーロンでは，全米大学の中でも最も情報が豊富でビジュアル面でも刺激的なウェブサイトを作り上げた。広報担当のダン・アンダーソンは，遠慮がちに考え込むと，「当大学のニュース機能とウェブを合体しました。スタッフに3人の専門家を加えました。一日に10回ウェブ・コンテンツを変える事もあります。学生は大学の動きを把握するために常にウェブサイトにアクセスしますし，ご両親が毎日のようにチェックされることもありますから」と語った。

学生とのつながりを強めるために

　イーロン大学付きの司祭であるリチャード・マクブライド師は，1984年からイーロンで奉職している。司祭はイーロンに置ける宗教的指導者として，個々の学生の知性，社会貢献性，精神性での成長を促し，彼らが自己意識をより明瞭にもつよう支援を行っている。学生の変容と自分探しを手助けすることは，彼自身の「魂の旅」の一部であり，今日多くの大学に見られる多民族・多宗教な環境において，大学付きの聖職者が果たすべき主要な務めでもあると認識している。

1995年，司祭は「21歳祝賀会」を立ち上げた。一年に4回，その年に21歳になる学生が祝いの夕食会に招待される。各々の学生には教員もしくは職員が付き添い，保証人として夕食会に一緒に参加する。保証人は，各々のその学生が在学中にどの様に変わったか，そして学生の将来に何を望むかを手紙にしたためて，夕食会に持参する。そしてその手紙は夕食会で学生に渡される。毎回約60名の学生が招待を受け，8人掛けのテーブルに座る。学生は各々の保証人から紹介され，夕食が終わると各テーブルで先生，大学，父母，友人，そして将来に対して乾杯をするのだ。

　マクブライド司祭はまた，毎年春学期に「ライフ・ストーリーズ(Life Stories)」と題したゼミで教鞭をとる。このゼミは大変人気がある。この中で学生は今の自分自身を形作る要因を振り返り，そして自分が将来達成したい目標について考える。学生はドン・マクアダムス著『*Stories We Live By*』やサム・キーン著『*Fire in the belly*』といった本を読んだ上で，それぞれの目的や慣習，中心となる価値観やその他さまざまなことについて議論する。そういった意見交換を通じて，自分の方向性，習慣と価値観などをあらためて見つめる機会としている。自分が何者か，どうやってそのような人間になったのか，何を重んずるのか，将来どうなりたいか，そしてそのためには何が必要か——そういったことを発見するのにこのゼミは大いに役立っている，と学生は評価する。さらに，マクブライド司祭は『学生は在学中にいかに変わったか(How Students Change in College)』と題する本を編集した。この本は「イーロン・エンタープライズ・アカデミー」の学生14人によって作られたものである。こ

第3章　学生の満足度をあげるために

のアカデミーは，経営学のバース・ステムペック准教授のアイデアで，学生がCDプロダクション，マーケット・リサーチ，本の出版といった事業を扱う小規模ビジネスを立ち上げる支援をしている。

祝賀晩餐会，合宿，委員会，リーダーシップ活動などを通して学生にスポットを当てることで，イーロンは常に活気に満ちている。スミス・ジャクソン副学長は，「我が大学は，学生一人一人に力を付けることに対して実に真剣に取り組んでいる」と発言する。たとえば，エリート・プログラムでは，コンピュータに精通した4年生が，教員に授業におけるITの活用方法を教えている。また，学生自治会の役員は，「小さな提案リスト」(Piddly List)を管理している。その内容は，イーロンでの生活や学習を改善するべく寄せられた学生からの意見集である。そしてこのリストは毎年8月に開催される学生リーダーと大学執行部との合同合宿研修で取り上げられる。一方，音楽活動が盛んで，学生オーケストラ，合唱団，ジャズ楽団が活躍している。最近では，アカペラ・グループが複数できた。また数年前，15人の学生が男女混声のポップスグループ「Twisted Measure」を立ち上げた。最近では女性による独自のグループが誕生し，それにより男声合唱団を結成する動きもうまれた。

シャロン・スプレー准教授(政治科学)の主導で「イーロン大学世論調査(Elon University Poll)」が始まり，政治科学を学ぶ学生が市民アンケート調査に従事している。調査の立案は教員によるものだが，電話インタビューは全て学生の手で行われる。スプレー准教授はこれを「政策を作るツールのひとつ」と捉えている。学生はノースカロライナ州住民に対し，州と全米に関わる問題について調査を行って

いる。この「イーロン大学世論調査」は小さいながらも影響力をもち，ニューヨーク・タイムズやウォール・ストリート・ジャーナル，そしてNBCニュースにも取り上げられた。

そして，「イーロン・エクスペリエンス」での5つの活動の登場である。

学生参加型教育の推進

イーロンは，最新のプランにおいて「我が大学は，全米における学生参加型学習のモデル校となるよう努める」と述べている。この目標に対するイーロンの努力の中核を為すものこそ「イーロン・エクスペリエンス」の5つの活動である。これは大学執行部が作ったもので，これらを「若いアメリカ人が学ぶべき，そして実践すべき最も重要な価値観」を推進するものと位置づけている。

第1の価値は，勤労倫理観を育て，知識を行動に結びつけられるよう導くことである。そのため，キャリア・センターあるいは学部において，インターンシップやワーク・スタディーのプログラムを提供している。メリルリンチ，ACLU，ホワイトハウスのチーフスタッフ，NBCスポーツ，コメディセントラル，ジョンソン＆ジョンソン，合衆国情報局——全学生の75％程度が，上記のような組織や企業のインターンシップに参加する。

第2は，奉仕の精神を育てることであり，サービス・ラーニング・センターにおいて，さまざまなサービス・ラーニングのプログラムが整備されている。キャンパス内での献血キャンペーン，ドミニカ

共和国やアラバマ州貧困層のための家屋建造, ヒスパニック系移民への英語指導, ワシントンDCにおけるホームレスへの炊き出し支援といった活動が行われ, 4年生の約85%はこの活動に1回以上参加している。

　第3の価値は, 海外体験を積み, 視野を広げることである。フレッド・ヤング前学長は, 学生を狭い世界から飛び立たせ, 世界の文化, 宗教, 言語の驚くべき多様性に気付かせるには海外体験が重要な一役を買うと唱えており, ランバート学長もこれに賛同している。現在, イーロンの留学率の高さは全米でも有数のものとなった。4年生の約62%が1カ月から1年にわたる短期・長期留学に1回以上参加した経験をもっている。また, 冬休みには, 教職員の引率によるプログラムで多くの学生が海外へ出かける。

　第4はリーダーシップである。一般に, 平均以上の知性と能力をもつ人々はいずれ政治, 芸術, ビジネスやその他の分野において自らの才能を発揮し, 主導的な地位に就くものと考えられている。イーロンの役員と教員は, 大規模大学よりも小規模大学の方が, リーダーシップを学び, 試すには理想的な環境であると考えている。「イーロン・エクスペリエンス」の4つ目として, 学生は, 学生組織やイザベラ・キャノン・リーダーシップ・プログラムへの参加を通じて指導的な役割を担う。このプログラムによって, 1年生は自分自身(自らの長所・短所, 価値観, そして心の奥底にある感情)を知り, リーダーシップの・スタイルについて学ぶ。2年生はコラボレーション, パートナーシップづくり, コンフリクト・マネージメントと組織運営について学ぶ。3年生になると現状をどのように変えていく

かを中心に学ぶ。4年生では大学内の組織やチームにおいてリーダーシップの実践を行い、実践し、イベントを企画したり他の学生のリーダーシップ訓練に携わる。卒業前には、半分以上が最低一度はリーダー的な役割を経験する。

そして、当然のことながら、知識を追求し、新しい知識を発見することは全ての大学の中心的課題である。「イーロン・エクスペリエンス」の中で最も新しく、かつ最も早い成長を遂げたものは、学生による研究活動である。学生は、教員と共に研究を行うか、独自で研究計画を進める。今では毎年300人以上の学部学生が研究発表を行い、そのうち20名ほどが National Conference on Undergraduate Research (訳者注：全米規模で行われる、学部学生による研究発表大会) で論文発表をしている。

学生に関する調査

レラ・フェイエ・リッチの積極的な働きにより、イーロンの指導者や教職員は、より体系的かつ包括的な手法で学生に関する調査を行った。カリフォルニア大学ロサンゼルス校は、新入生に対する大規模なアンケートを全米規模で毎年実施しており、これにより全米の新入生の考え方や好み、価値観が浮き彫りとなる。イーロンの指導者たちは、これらの調査結果から、その年の新入生についての全国規模での傾向及びイーロンでの傾向を導き出す。加えて、Policy Center on the First Year of College (訳者注：初年次教育を専門に扱う研究所。現在は The John N. Gardner Institute for Excellence in Undergraduate Education)によって毎年行われる調査もまた，イーロンでの学生募集活動の面において活用されている。

　イーロンでは毎年，全学生に対して勉学と生活に対する意見と満足度についての聞き取り調査を行っている。そしてこの調査から判明した批判や提言に基づいた改良がしばしば行われる。特に4年生対象の満足度調査は重要視される。卒業してゆく学生たちに，イーロンでの学生生活全体を良かった事も悪かった事も含めて振り返ってもらうのである。また，学生の親にも意見を促し，学生生活の向上を目指している。父母協議会の提案に基づいて行われた改善の例としては，健康管理サービスを強化したり，2年生の住居を保証し，さらに，3年生と4年生用のアパートを拡充したり，休暇前後に大学と空港を結ぶシャトルバス・サービスを強化したり，といったことが挙げられる。この調査の実施・報告を担当するロバート・スプリンガーは，さまざまなアンケート調査を統合し，イーロンの学生，そして彼らの生活の実態をより鮮明に映し出すべく努めている。「イーロンの執行部は，学生そのものに，そして彼らの意見や学問的な進歩に対して非常に大きな関心を抱いている。彼らは大学の構成員全員とそのデータを共有したいと強く考えているのです」と，スプリンガーは語った。

学生の声

　イーロンの学生が日々何を考えているのか，幸せかどうか，そして，どのように成長しているのか，といったことが大学の大きな関

心事であるという事実について，学生自身はどのように感じているのだろうか。イーロン学生のフォーカス・グループ調査や普段の会話に耳を傾けることは，得難い経験である。他大学と違って，イーロンの学生は圧倒的に前向きだ。時には，その発言は歓喜に近い。疑い深い人ならば，イーロンには批判的思考や意見の多様性が存在しないと思うだろう。しかし，自分たちは特別な場所で生活し，働き，学んでいるのだという事を，イーロンの学生の多くが認識している。彼らは，その居場所を「イーロン・バブル」と呼んでいる。

　自分たちは，これまでの人生でいろいろとつまずきながらも，どういうわけかこんな楽園にたどり着いた——彼らはそのように言う。このちょっと変わった，しかし居心地の良い至福の泡の中で，彼らは若いながらも一人前の大人として尊重され，聡明で思いやり深い教職員の配慮を一身に受ける。また，教員は持てる技術をすべて活かして熱心に教えてくれるのだ。フォーカス・グループのコメント，またイーロンの学生の日常会話から例を挙げ，以下に紹介する。

「信じられないことに，イーロンの教職員や大学トップの人たちは，大事なことは何でもすぐ学生に意見を求めるんだ」

「生物学の授業はとっても親しみやすいし，研究に夢中になれます」

「イーロンの町は最低。でもキャンパス内が活気に溢れているから，ロケーションは全然問題にならない」

「一般教育科目が4年まで続くことがいいと思う」

「私達は，ほとんど全ての委員会の一員なんです。終身在職権と昇進に関する委員会を除いて，ですけど」

「ここの教授陣は，僕らが自分の意見を述べたり授業中に発言した

りするように引っ張ってくれる」
「この大学の徹底した学生中心主義には驚きました」
「海外での研究指導をしてくれたある社会学の女性教員は，ボディビル大会で表彰されたんですよ」
「学生センターには，スムージー・バーまであるんです」
「ちょっと退屈な先生もいるけど，ほとんどの先生はすばらしい」
「部活の監督までが，私の将来について考えてくれる」

　父母の話の中には，息子が専攻を替えてもう1年イーロンで過ごしたいとねだったという例もあった。これらの回答は全て，学外者からみれば非現実的なものか，あらかじめ用意したものに見えることだろう。しかし，満ち足り，喜びにあふれる「イーロン・バブル」とでも呼ぶべきものは，どうやら存在しているようである。

成果は認められる

　数年前，インディアナ大学の高等教育学教授であるジョージ・クー高等教育専門家は，多くの助力と2つの基金による資金援助を得て National Survey of Student Engagement（NSSE）（訳者注：全米レベルで学生に関する調査を行う専門機関）と呼ばれる機関を設立した。クー教授はアメリカの大学における学生問題の権威である。彼は，在学中の大学生に調査を行い，自らが受けている教育についてどのように考えているかを明らかにしようとした。学士課程学生が優れた学習を行うための5つのファクターとして以下が選ばれた。
① 厳しい学問課題，② 活発な共同学習（授業中のディスカッションや

プレゼンテーション，グループ・プロジェクト，ボランティア活動等），③教員との親密かつ頻繁な意見交換，④授業以外での教育的経験の機会(インターンシップや海外留学，異なる人種・民族・経済的背景を持つ多学生との対話)，⑤学生を支えるキャンパス環境。この調査は600以上の大学と在籍中の学生約14万人以上の学生を対象とし，現在も毎年実施されている。

　上に記した5つのファクター各々の評価において，イーロンの学生は満足度と積極性の面で一貫して全国平均より高い評価を付けている。またNSSE主催者が「学生を引きつける学習」と呼ぶ点において，イーロンは，全米の大学トップ10%に入るスコアを昨年までで3年連続で叩き出したのだ。この調査では，学士課程教育は，授業で講義を聴いてノートをとったり，ごくまれにアポを取って教授の部屋を訪れたりするだけのものを想定していない。学生は，教職員からのさまざまな教育的活動や手厚く思いやりのある援助を受け，学者の卵として，また共同体の一員として育成される。調査によると，毎年一貫して，イーロン学生の95%弱は，自分が受けている教育に関して「最高」もしくは「良い」という評価を下している。

　イーロンが，消費者としての学生を満足させているのは明らかである。イーロン学生の間では，悲観的な考えはほとんど見受けられず，熱狂的ですらあるように見える。イーロンの学生は，大学が自分の学習面・人格面での成長に深く専心している事を明確に信じて疑わない。

第4章 学術レベルの向上をめざして

　ランバート学長と教職員の間では,「学生参加型学習の全米モデル校」をめざす取り組みについて, 常に議論されてきた。今や, イーロンが全米の模範となりつつあることは疑いようもない。多くの教員は教えることに熱心で, 海外研修の引率もいとわない。日常的に学生と密接に関わり, 学生との共同研究プロジェクトにも取り込み, 委員会活動にも参加している。一方, 最近まで, イーロンが, 重要な学問の源として評価されることはなかった。教職員が学生の育成に専念することで学生の精神や感性を育てることはできたが, 教員には研究活動や新しい学問を切り開くための十分な時間はなく, また研究業績に対するプレッシャーもなかったのだ。カリキュラム開発や授業運営, 教育力の向上目的で少額の補助金を受ける者もいたが, それを除けば, 1990年代中旬まで, イーロンの教員は誰も外部資金による研究に従事していなかった。

　しかし1999年, ランバート学長が着任すると, イーロンは新たな方法に着手した。教員の学識を発展させ, また学生が知的に刺激をうける機会を増やした。さらに, そういった経験をした学生の次の知的要求に応えるべく, 徐々に変わっていったのである。ランバート学長はきっぱりと, しかし注意深く「イーロンは急には変わりません。その扉はゆっくりと開かれるのです」と語った。

　実際, イーロンの学術環境改善の努力は, ヤング前学長の任期後

半にはすでに始まっていた。まず,一流の講演者を招く伝統を復活させた。オーナーズ制も長く実施してきた。1990年代後半には,教員が各学期に教える科目数を4つから3つに軽減し,昇給も行った。研究支援と学術活動の発展のため,新たな理系校舎と先端的な図書館が計画された。高学力学生の獲得にも力を注いだ。

1990年代後半,当時自然科学部長を務めていたロザリンド・リチャード博士の尽力によって,イーロンの完成度は一段と高まった。1996年,彼女は学部学生研究フォーラム設置の立役者となり,2年後には「イーロン・エクスペリエンス」の5つ目として「学部生による研究活動」を加えた。また,マクマイケル・サイエンス・センターの設立,1998年には新レクチャー・シリーズ「発見の声(The Voices of Discovery)」の新設に携わった。これは,スティーブン・ジェイ・ゴウルド,ウィリアム・フィリップス(ノーベル賞受賞者),ジェーン・グッドールといった革新的科学者を招聘し,朝から学生との交流イベントを実施した上で,夕方には自身の研究についての講演が行われる,というものである。生物学者であり,現在文理学部長を務めるナンシー・ハリスは,リチャードはイーロンの大学環境改善に尽力したとして,「リチャード氏はとても尊敬されていました。彼女が他大学の教学担当副学長として異動された際は,みなとても残念がったものです」と述べた。

1998年初めにヤング学長が退任を発表した直後,ジュリアン・メイハー(教学担当副学長)は,イーロンの「知的環境」を多面的に検証するために6つのワーキング・グループを立ち上げ,同年4月4日に「アカデミック・サミット」を開催した。その目標は,既存の大

学環境の評価及び知的環境向上をめざした提案を募ることだった。サミットに参加した教職員と学生が意見を同じくしたのは、イーロンにおいては知的な刺激や挑戦よりも、交流や人間関係が尊重される環境ができあがっていること、そして、多くの学生が、授業の課題や学問的研究よりも、授業外の活動に力を注ぎがちであること、の2点であった。そして、サミットの参加者は、次の4点を提案した。① 学問的な厳密さ・困難さを追究すること。② 高い学業成績に対し、より多くの奨学金や高い評価を与えること。③ 専任教員を増やすこと。④「授業外活動と知的活動との重複部分」を増やすこと。

サミットの最終報告では、教員の研究活動強化の必要性については全く言及されていない。1999年以前の学部長年次報告の中で指摘されているように、当時の大部分の教員の研究出版業績は低いものだった。

扉は開かれた

1999年にランバート学長が着任するや、その積極的かつ実験的な教えと学びの手法は熱狂的に称賛され、周辺地域での評価は確かに高まった。しかし学長は、教員の研究力量向上、そして学術業績への支援拡大と認識向上が必要と判断し、多面的なキャンペーンを打ち出した。ランバート学長は「組織にとって最も重要な決定は、新規人材の採用である」と信じていた。ランバート学長、そしてプロボストであるフランシスは、お飾りの有名古参教授には目もくれ

ず，4年間で准教授レベルの教員を約60人採用した。

イーロンの教員応募者の選考は，実に徹底されている。有力な候補者はそれぞれ模擬授業を行った上，当該学科の教員と学生が参加する審査会において，自身の専門分野と業績のプレゼンテーションを行う。この採用プロセス自体はさほど珍しいものではない。イーロンが本当にユニークなのは，採用者へのオリエンテーション，ガイダンス，支援の面においてである。新任教員の初仕事は1週間のオリエンテーションへの出席であり，その後も毎月オリエンテーションに参加し続ける。また，新任教員一人に先輩教員一人が助言者として割り当てられ，イーロンの新生活になじみ，教育力向上のための支援を行う。学部長，教員および大学執行部は，新任教員を昼食に招き，コミュニケーションをとるよう努める。また，彼らには学期期間外に利用できる研究旅費と研究費が与えられる。その上ランバート学長は，将来有望な教員のテニュア獲得を支援するための基金を立ち上げた。

教授会では，「イーロンの教員，そして研究者(The Elon Teacher-Scholar)」という文書が作成された。この文書，単調で誇張が過ぎるきらいがあるものの，その主張は「イーロンではすばらしい教育が中心となっており，重要な学問は全ての教室で享受されるべきである」というものである。プロボストを務めるジェラルド・フランシスは，「我々は今，より真剣に学問に取り組んでいる」と述べ，また元理事長ワラス・チャンドラー(1949年イーロン卒)は「現在我々は，研究レベルの向上に重きを置いている」と語っている。

新任教員の採用により，イーロンで学術・芸術活動が活性化した

第4章　学術レベルの向上をめざして

例は以下の通りである。

・長年舞台演劇の分野で活躍してきたキャサリン・マクニーラ氏は，イーロンでミュージカル・シアターに関するプログラムを立ち上げ，国内で高い評価を受けた。筆者がキャンパスを訪問した際にも，シンガポール出身の極めて才能ある入学希望者が，このプログラムのオーディションを受けに来ていた。

・リチャード・ダマト氏は，工学専攻志望者を対象とした革新的な進学プログラムを開始した。このプログラムで，まず3年間イーロンで学習したあと，他大学の工学部に進学，残りの2年間を過ごすというものである。編入先となる5つの主要大学は，ダマト氏がアレンジした。また最近の工学部の学生は自分の手で何かを創る機会が少ないことを懸念し，その対策として，学生が段ボール箱とビニール袋でカヌーを作り，キャンパス内の湖に浮かべる実験も行った。

・理学療法訓練に関して国内の指導者的存在であるエリザベス・ロジャーズは，イーロン唯一の博士課程コース（理学療法）を立ち上げた（理学療法士はすべて，2020年までに博士号を取得することが求められている）。学部長は，「彼女は素晴らしい。優れた教員を集めて，CAPTE（訳者注：Commission on Accreditation in Physical Therapy Education，理学療法教育に関する認証機関）による認定を満場一致で獲得してしまいました。これはCAPTE創立以来，初めての出来事です」と語っている。

その他にも，批評でピューリッツア賞を受賞したマイケル・スクーベが，コミュニケーション学部の発展に貢献したり，スワヒリ語

を話す地理学者ハイジ・グレーセル・フロンタニが，世界の水資源及び水産業のエキスパートとして多くの著作を発表したりといった実績もある。またイーロンは，将来性のあるアフリカ系アメリカ人の教員人材を探し求めていたが，ついに，会計学と金融学の教授であるジョセフ・メリディスを見出した。彼は黒人学生としてミシシッピー大学に初めて入学したジェームズ・メリディスの息子であった。

イーロンの既存の教員に対しては，研究休暇制度の枠を拡大すると同時に研究費や学外会議参加旅費，新課程設置の支援費用といった予算が拡大された。また寄付基金の一部によって給与が保証される教授職(endowed professorship)が創り出された。たとえば，The J. Earl Danieley Chair のポジションには社会学者トマス・ヘンドリック(現代社会における遊びと感情に関する権威)が，そして，The Maude Sharpe Powell Professorships のポジションにはイーロンに古くから勤める哲学者ジョー・サリヴァンや英語学教授ラッセル・ジルといった教員が任用された。ベルク図書館での図書購入予算は，1999年以来3倍に増えた。教員は，自らの海外研究出張に学生を連れて行くことが奨励されている。学内には，スペイン語センターのために特別な部屋が用意された。このセンターはスペイン語会話教育を目的としたもので，学生や教職員に開かれている。ここではコスタリカ出身の教員が指導にあたっており，より多くのイーロン関係者が英語と同じようにスペイン語を話せるように教えたいとしている。

ビジネス・財務担当副学長ジェラルド・ウィッティントンは，「教

職員の採用は，我々にとって一番大切な仕事です。確かに，良いプログラムや素晴らしい施設も重要です。しかし，イーロンの特別な『校風』，これこそが我々の優位事項であり，この『校風』を保つためには，それにふさわしい人材が不可欠なのです」と語る。

学部再編成

　学長に就任した1999年1月，ランバートは，イーロン・カレッジが5つの学士課程とビジネス学部で構成されていることに着目した。ビジネス学部をのぞいて，最も多くの学生を集めているのはコミュニケーション・ジャーナリズム専攻であり，教育専攻も「the ed school」との呼び名が定着するほどの人気があった。そこでランバート学長は，コミュニケーション学科と教育学科をビジネス学部と同様に独立させ，他の学科を文理学部として統合する案を発表した。

　数名の理事の働きかけにより，イーロン・カレッジ(Elon College)は，イーロン大学(Elon University)へと名称を変えた。そして新生イーロン大学は，イーロン・カレッジの名を引き継ぐ文理学部の他，3つの学部(ビジネス，コミュニケーション，教育)に再編された。学部再編に関する学内の議論は白熱し，一部には強硬な反対もあった。学外のコンサルタントとして，ウェイク・フォレスト大学のプロボストであるエドウィン・ウィルソンのアドバイスも受けた。さまざまな問題を乗り越え，2001年6月1日，新生イーロン大学は産声を上げたのである。

大学名変更議論のさなか，ランバート学長，そしてプロボストであるフランシスは，ANAC (Associated New American Colleges)と呼ばれる設立間もない小さな組織への会員申請を行った。この小規模な大学コンソーシアムは，1990年代初頭に故フランク・ウォンの発案で設立されたものである。当時，カリフォルニアのレッドランド大学で教学担当副学長を務めていたウォンは，より実際的かつ現代的な一般教育の確立に力を注いでいた。ウォン氏は，一般教育を専門分野の学習や研究，そしてコミュニティー・サービスなどと連動させることを推奨していた。この考え方は，オレゴン州のリード・カレッジ，ミネソタ州のカールトン・カレッジ，ペンシルベニア州のスワースモア・カレッジで行われるような，純粋かつ伝統的な教養教育とは異なるものである。研究中心大学でなく，学士課程レベルのリベラルアーツ・カレッジでもなく，そしてキャリア教育中心の州立大学でもない——この全米でも新しい大学のコンセプトが，カーネギー教育促進基金(Carnegie Foundation for the Advancement of Teaching)の会長であった故アーネスト・ボイヤーの目に留まったのは1995年のことであった。同氏は，ウォンら数人を財団本拠地であるニュージャージー州プリンストンへ招き，ANACの立ち上げを支援した。

　ANAC加盟大学は，規模としては中程度(学生数3,000〜7,000人)のリベラルアーツ・カレッジであり，職業教育及び就職前教育，雇用機会の提供も行っている。ANACの中心は学生であり，教員ではない，というのがこの組織の精神である。教員は，学問や研究に打ち込むだけでなく，授業で熟練の技術を発揮することも期待され

　　　　　　　　　　　　　　第4章　学術レベルの向上をめざして

ている。理論上の知識だけではなく，幅広い知識に裏打ちされた応用力をもち，社会変革に貢献できる賢い若者を育て，世に送り出す——これがANACの目標である。

　ANACが掲げるこの目標は，イーロンがすでに実行していることに非常に近い。そのように考えたランバート学長とフランシスは，ANACへの会員申請を行い，2000年3月にイーロンは同協会の会員となった。現在，ANACは20の組織から成っており，その中にはバルパライソ，ハムリン，サスケハンナ，デイトン，ハンプトン，そしてレッドランド大学も含まれる。イーロンは，加盟にあたってこのような声明を出した。「イーロンと他のANAC加盟校は，アメリカの高等教育に第3のモデルを提唱している。我々の強みは，学生中心的な大学の校風の中で，全ての学部生に対して一般教育科目が開講され，これら基礎科目と優れた専門プログラムとが密接に関わり合っていることにある」。

　2002年，AAC&U（Association of American Colleges and Universities）は有識者による2年に及ぶ調査の結果を発表した。「高まる期待：学習に関する新たなビジョン（Greater Expectations：A New Vision of Learning）」と題されたこの報告書は，アメリカの大学はもっとANAC加盟の20校を見習うべきであると主張した。同レポートはその理由を，アメリカの高等教育は，少数精鋭のリベラルアーツ・カレッジや研究中心の大規模大学，そして職業教育中心の大学，これらを超えるものを必要としているからだ，とした。また，優れた一般教育の機会は，エリート機関の学生だけでなく，あらゆる大学で学ぶ学生に開かれるべきだと指摘した。さらに，ビジネス，

教育，健康科学や技術といった専門分野においても，一般教育のアプローチが必要だともしている。

この精神に基づき，同報告書は，一般教育と実学教育の間に慣習的かつ不自然な区別を設けることは，一刻も早く止めるべきだと主張している。学生による学びが教室を超えて世界レベルの重要な問題に開かれていくとき，学生の分析スキルや倫理的判断を問題の重要性にふさわしいレベルに高める上でも，一般教育が果たす役割は大きい。この新たな実用的一般教育においては，共同作業を行うこと，多様性や不確実性の中で問題への解決方法を考えること，そして批判的思考だけでなく創造性も駆使すること，といった姿勢が尊重される。そしてこの新たな教育モデルでは，学生が国内外の流動的な経済環境において活躍する資質や，地域市民としてふさわしい能力を育成することが可能となる。

次の10年にむけて

ヤング前学長の任期中，あらゆる業務の優先順位は，将来計画を基準に決定されていた。理事の多くもこのアプローチに賛成していた。学内構成員の大多数が1994年の戦略的将来計画「イーロン・ビジョン」を非常に有用な青写真として尊重していたが，この計画も1998年までにほぼ達成されつつあった。1999年1月にランバート学長が就任するや，当然，次の10年間に向けた新たな戦略的行動計画が打ち出されるものと考えられていた。理事長のノエル・アレンが「我々は常に一歩先を見据えて行動しているのです」と言うように。

ところが，新学長が打ち出したプランを見て，関係者は度肝を抜かれた。ランバート学長は，1999〜2000年の間のほとんど同時期に，異なったプランを3つも立ち上げたのである。1999年に提唱されたひとつ目のプラン「IT革新に関するイーロン・ビジョン(Elon Vision for Technology)」は3カ年計画で，学長就任直後から開始された。各種ワークショップの開催や外部コンサルティング・グループの支援により，教員がIT技術を授業に導入するための取り組みがなされた。このプランは1999年10月に理事会によって承認され，①コンピュータによる業務管理システムの改善，②キャンパス全体の無線LAN化，③コンピュータの学術利用担当職員の増員，④ベルク図書館への無線パソコンの導入，⑤3年以内における大学のコンピュータの順次刷新，そして⑥学生および教職員用がいつでも最新の機器とソフトを利用できるテクノロジー・センターの設置，以上の6つの内容が掲げられた。

イーロンはまた，教育現場への新しいIT技術の導入の遅れを自覚していたため，集中投資によって遅れを取り戻そうとした。しかし，イーロンには未だ最高情報責任者(CIO：Chief Information Officer)はいない。学生が学内でコンピュータを利用するに当たって十分なIT環境が整備されているにもかかわらず，授業へのハイテク導入に乗り気でない教員も存在するというのが，イーロンの現状である。ある外部の評価者は，イーロンの最新技術に関して以下のように苦言を呈している。

「イーロンは，学生や教職員のためにあらゆるIT技術を導入しましたが，それが教学の在り方としっかり連動していません。IT

技術と多様な教育実践を結びつける作業に専念できる担当者がいなければ,無理な話なんです」。

計画の2つ目として,最新施設のためのマスター・プランが打ち出された。イーロンでは学生数が増え続け,教室不足が生じていたのである。また建物のいくつかは老朽化しており,新校舎の建設と屋外空間の環境整備がすぐにでも必要であった。575エーカーあるキャンパスの魅力は保持しつつも,イーロンの拡大をはかるにはどうしたら良いか——その問いに応えてくれるキャンパス総合計画の専門業者を,イーロンは捜し求めた。

そしてイーロンが選んだ建築業者は,ペンシルベニア州ベツレヘムにあるスピルマン・ファーマーであった。この建築事務所は,過去に何度かイーロンからの業務委託を受けたことがあった。また,ウィッティントン(ビジネス・財務担当副学長)が以前働いていたアトランタ州にあるアグネス・スコット大学からの業務委託経験もある他,イリノイ州のレイク・フォレスト大学から近隣のサスケハナ大学まで,10数もの小規模私立大学での仕事において際立った成果を見せたことといった点も同事務所への決定を後押しした。結果的に,スピルマン・ファーマー事務所の選定は思わぬ掘り出しものであったといえる。ロバート・スピルマン氏は,「私たちは,鍵となる全ての団体や個人から話を聞き,その上でキャンパス・マスター・プランをスタートさせます。それが我が社のやり方です。我々はまず,クライアントであるキャンパス構成員から学ぶのです。彼らから情報が得られなければ,仕事はできません」と語っている。スピルマンは,プラン作成のパートナーであるダン・ハリガンとの広範

な話し合いの末，彼らにできる最高の設計図を書き上げた。ハリガン氏は元水泳チャンピオンであり，また写生画家としても極めて優れていた。そうして出来上がったマスター・プランは，斬新かつ大胆なアイデアと保守的なデザインとが見事に組み合わされていた。快適なコミュニティ感を保ちつつ，学生の成長に焦点を置くというイーロンの精神を守る——これこそ，このプランが試みたものであった。

スピルマン氏は「イーロンでの仕事は，私の生涯の中でも非常に満足のいくもののひとつでした」と語る。その満足の理由として彼が挙げたのは，イーロンの多くの構成員が進んで新鮮なアイデアを提供してくれたこと，リーダーシップの質が高いこと，学生とその生活の質への関心がはっきりしていたことであった。

スピルマン・ファーマー事務所による大胆なアイデアのひとつに，アカデミック・ヴィレッジがある。ランバート学長はこの案を特に気に入っていた。また，マスター・プランにはあとからの追加や変更がいくつかある。例えば，提案されたビジネス・スクールの新校舎及び会議用宿舎，そして大規模集会場の設置，以前大規模な食料雑貨店だった場所とキャンパス西側の敷地を大学の健康管理施設や印刷店に変更する，といった点である。

建築家であるスピルマンはまた，イーロンの幹部に町の政治家との連携を勧めた。というのも，キャンパスに隣接した魅力的なショッピング・エリアを開発すること，そしてキャンパス北側にある新バイパス道路から大学に至る新しい入り口を設け，複数の古いレジデンス・ホールが集まったジョーダン・センターを改装するという

意図があったからである。

ビジネス学部の立地が最終段階で変更されはしたが、このマスター・プランは大学内でおおむね好意的に受け入れられた。それは、スピルマン・ファーマー事務所が、奇をてらったデザインを目玉にしたりせず、新しい建物の規模や素材感が既存の建物と調和を保てるようにしたこと、そしてキャンパスの外観の印象を変えないことに心を砕いたためである。

テクノロジー及び健康管理施設の計画が練られていたちょうどその頃、イーロンの幹部・教職員・学生は、「イーロン新世紀計画(NewCentury@Elon)」と呼ばれる新しい戦略的プランの話し合いをすすめていた。この計画を担ったチームの特徴は、一言でいえば「野心的」ということだ。

新しい方向性

しかしながら、2000年末に完成したこの「イーロン新世紀計画」は、イーロンらしくないものであった。7つの目標と5つほどのイニシアティブを含むこの将来計画は、狙いに統一性がなく、全体的に大げさだった。オペレーションの向上と戦略的な優先順位が混同されているだけでなく、ITやその新たな応用に触れていない。この計画では、ビジネス・スクール、学生寮、ヴィジュアル・アート・センター、健康管理センター、そしてバスケットボールの試合や卒業式のようなイベントで使用できるようなホール、以上5つの建物を新たに建てることとなっている。さらに新たな陸上競技トラックの

第4章　学術レベルの向上をめざして

整備と諸々の修繕も必要とされた。教育プログラムに関しては、コア・カリキュラムやオーナーズ・プログラムを作ること、キャリア・オフィスの活動や広報活動を活性化させること、大学院プログラムを増やすこと、のすべてが急務であるとされた。

さらに、「イーロン新世紀計画」の初稿では、新たに3つのアカデミック・センター(環境学センター、国際研究センター、革新的な教学のためのセンター)、政策と社会問題に関する研究施設、そしてこれまでにはなかった情報技術専攻の必要性が叫ばれた。もちろん、学部改編にも新たな費用を投じなければならなかった。しかし資金の必要性はそれだけにとどまらない。教員数や学生の奨学金を増やすにも、職員給与や教員の研究休暇を増やすにも、学生の海外留学支援にも、資金が必要なのだ。以上の資金ニーズを全て満たすため、「イーロン新世紀計画」の立案グループは、より強力で巧みな募金事業の枠組みを提案した。その枠組みとは、現状では驚くほど低い卒業生からの寄付率を40％まで引き上げ、イーロンの寄付基金を倍増させるというものだった。また「イーロン新世紀計画」は、ビジネス学部とコミュニケーション学部で全米レベルの専門認証を受けることをめざすとともに、学生の社会貢献活動、インターンシップ、海外留学への参加数を伸ばすことも目標とした。

理事のノエル・アレンが議長を務める立案グループから生まれたこの将来計画は、そのまま実行されれば新たに250万ドル以上の資金が必要となる。しかし、この計画には焦点も無ければ明白な優先順位もないように見受けられた。2002年2月に行われた話し合いの場において、ある賢明な人物は、南部大学連盟(SACS：Southern

Association of Colleges and Schools)で以下のように率直なコメントを残している。「イーロンは、いったいどこへ向かっているのでしょう。大学が発展しさらに高い評価を得ることで、他の大学のようになるのか、それともイーロン独自の路線を保つつもりなのか。そもそもイーロン独自の路線というものがあるのだろうか。もしあるならば、その道を確立するためにどうしたらいいのか。もっと強力なイーロンとはいったい何なのだろうか」。

イーロンの執行部は、今回の立案チームが当初の想定範囲を超えたと判断し、計画を組み直した。同チームの戦略的な発案自体は受け入れたものの、目標を3つに絞り、具体的な行動計画も絞られた。ここで重要なことは、学術活動の質向上に重きが置かれたことで、計画に重要な焦点が生まれたことである。さらに、キャンパス総合計画にインスピレーションを受け、新たに冒険的要素を付け加えもした。それは、ファイ・ベータ・カッパ・クラブ(訳者注：Phi Beta Kappa。成績優秀者及び卒業生からなる全米最古の終身会員制友好クラブ)への加盟である。そしてもうひとつの追加要素は、若干疑問が残るものの、ロー・スクールの設立案である。「イーロン新世紀計画：エクセレンスへの青写真(NewCentury@Elon：A Blueprint for Excellence)」と冠されたこの改定案は、立案チームの立ち上げから約2年後の2002年、小冊子として発行された。

こうして新たに作られた3つの目標は、シンプルなものだった。学術的な質を高めること、大学生活をより豊かにするための環境整備、そして次なる一歩にむけての必要な資源を集めること、である。しかし、一見シンプルに映るこの目標、裏を返せば、これから長年

第4章　学術レベルの向上をめざして

にわたりイーロンの研究力向上にむけて不断の努力を宣言するものでもあった。この戦略的プランを実現する，つまり「約束」を守るためには，以下の取り組みが必要と考えられた。すなわち，オーナーズ・プログラムの再編，図書館，奨学金及びIT面での予算増，研究業績の豊かな教員の獲得，「イーロン・エクスペリエンス」における学術的要素の深化，そしてコミュニケーション学部とビジネス学部の専門認証である。しかし，何より顕著だったのは，ランバート学長が常に気にかけていた，一般教育科目群の強化が推奨されたことだ。ここでいう一般教育科目とは，歴史学，英語学，生物学，化学，数学，政治学，音楽，哲学，経済学，古典研究，宗教研究である。そしてその目的は，イーロンを「一般教育を中心におく大学」にするためだった。これを実現するため，「イーロン新世紀計画」の当初案には無かった2つのアイデアが導入された。

　そのアイデアのひとつは，建築家であるスピルマン氏の提案による「アカデミック・ヴィレッジ」構想であった。スピルマン氏は，一般教育のための施設を造り，最新鋭の教室を用意する案を出した。もうひとつのアイデアは，ファイ・ベータ・カッパ・クラブ（Phi Beta Kappa）へ加盟し，全米のフラタニティの仲間入りをして，270の有名大学に名を連ねることであった。改定案の原稿には，「理事会は，ロー・スクール設立の実行可能性検証調査を行うことを承認した」という，若干わかりにくい一文も記載されていた。そして，目標の2つ目と3つ目，つまり環境整備と更なる財源の2件は当初案に近いものであったが，ほかにも，加筆訂正箇所は多々あった。

一刻も早く

「イーロン新世紀計画」改定案を実行させようという勢いは強く，まるで案が発表される何年も前から同じ目標に向かっていたかのように，急激に進んでいた。知的対話の充実や学術レベルの向上をめざすイーロンの取り組みは，凄まじいの一言に尽きる。ダン・ライト教授(化学)が率いるオーナーズ・プログラムは，その規模を縮小し，内容をより厳格なものとした。新たに40名枠のオーナーズ学生用奨学金を整備し，各々の成績に合わせて異なる額の異なる奨学金を支給した。最低額は9,500ドルである。また，アカデミック・ヴィレッジ内にはひときわ目立つオーナーズ学生専用宿舎が建てられ，選考に通った学生22名がここで暮らしている。また，ラッセル・ジル教授(英語学)主導の下，ファイ・ベータ・カッパ・クラブへの加盟をめざす活動が開始された。当時イーロンでは文理学専攻に関心をもつ生徒はわずか40%，教員のファイ・ベータ・カッパ・クラブ加入者は10%にとどまっており，そのためジルは英語学教授としての仕事を減らして事に当たった。ランバート学長は，自然科学，人文科学，社会学，そして芸術を専攻する学生35人を対象として，新たにイーロン大学奨学金を用意した。「イーロンは2003年にはファイ・ベータ・カッパ・クラブへ加盟申請を行うだろう。しかし，加盟校の資格を手にするには，多くの労力と長い時間が必要となるのは確かだ」とジルは語る。「今すぐ加盟，とはならないだろう。けれど，ファイ・ベータ・カッパ・クラブ加盟までの努力道のりは，イーロンにきっと多くの実りをもたらしてくれるはず」。

第 4 章　学術レベルの向上をめざして

　一方，著名な指導者や芸術団体をキャンパスに招くべく，特別予算が割り当てられた。エフド・バラク(イスラエル)，レッチ・ワレサ(ポーランド)，デスモンド・トゥトゥ(南アフリカ)，オスカル・アリアス(コスタリカ)，ベナジール・ブット(パキスタン)，ジョージ・ブッシュ(アメリカ)。イーロンの学生や教員は，このような政治指導者と会い，その講演を直接聞く機会を得た。同様に，ディビッド・マクロー，ドリス・ケーンズ・グッドウィン，ディビッド・ハルベルスタンといった作家や，上海バレエ団，ロンドンのニュー・ビック・シアターのような芸術団体，更に映画関連ではスパイク・リーをキャンパスに迎えている。イーロンはまた，15 の夏期講座を 5 週間のオンライン授業にした。新入生の SAT 平均点は 1997～1998 年の 1085 から，2002～2003 年には 1150 をマークした。イーロンの名が広まるにつれ，SAT 平均はさらに上がっていくだろう。また，統計学が必修科目に加えられ，科学・工学専攻以外の学生にも課されることとなった。

　イーロンの 4 つの学部(ビジネス，教育，コミュニケーション，そして文理学部)では各々，学術評価を高めるべく，次々と新たな取り組みがなされた。ビジネス学部長のジョン・バーブリッジは，2004 年 2 月に予定される AACSB(Association to Advance Collegiate Schools of Business)による認証のための現地訪問審査を，2004 年 2 月に迎え入れることを計画した。その準備として，学部長は，ビジネス学部のカリキュラムがあまり学問的とは言えない現状をふまえ，2 つの専門家グループを学部に招き，外部評価を依頼した。評価の結果，両グループとも「教員が学問と研究にいっそう打ち込むべき」

であり,「経済,経営,そして会計・金融の3つの分野を強化できる教員が必要」であるという点で一致していた。これを聞き,ランバート学長はただちにバーブリッジ学部長のため新たに3つの教員ポストを用意した。2001～2003年の間に,ビジネス学部では計11名の教員を採用したのである。イーロンのビジネス学部は,絶えず磨かれ,変化し続けている。

教育学部はすでに認証を受けており,教師として世に求められる人材を世に送り出している。卒業生の中には,その地域や州で「優秀教員賞(Teachers of the Year)」として表彰された者もいる。1987年の全米優秀教員賞に輝いたのも,イーロンの卒業生であった。また,ノースカロライナ州において州が主催するティーチング・フェロー・プログラムの提供大学として選ばれたのは私立大学2校だけなのだが,イーロンはそのうちの1校であり,参加が認められた学生には,13,000ドルの奨学金が与えられている。F・ジェラルド・ディラショー学部長は,「我々のプログラムは,常に実践を重視しています。そのため,教育実践の質を高めようという想いと研究活動の必要性の板挟みになることもたびたびあります」と語る。

コミュニケーション学部は設備環境に恵まれている。同学部の校舎には改装された旧図書館が使用されており,明るい色でまとめられ,キャンパス内の他の施設のような堅苦しく上品な雰囲気とは違い,活発な印象を受ける。そして,ここの学部長は比較的イーロン歴の浅い人物である。彼の名はポール・パーソンズ,禿げかかった頭と魅力的で気さくな人柄の持ち主である。彼は,歯切れのよい中西部訛りの口調で,「ここに来た時は,天国かと思いましたよ。うち

第 4 章　学術レベルの向上をめざして

の教員はみんな，勝ち組といえるでしょう」と述べた。専攻生 850 人を抱えるコミュニケーション学部は，イーロン内でも一番の人気を誇っている。学生は，毎週非常に見事な新聞を作成し，FM ラジオ局を運営し，さらに教員と共同で週 2 回，テレビ・ニュースやニュース・マガジンを制作している。

　パーソンズ学部長は，来るべき専門認証審査の準備として，教員と共に 2003 年に作成されたカリキュラムの見直しを行った。彼は，この作業に，実に 18 カ月という時間を費やした。新カリキュラムでは，アイデアや情報そのものの質を，技術以上に重要視すること，そして書く・話す力の養成が強調されている。また専攻生全員に，実用的なインターンシップへの参加と，他学部での 80 単位取得（一般教育科目が望ましい）が求められる。この学部には，ジャーナリズム，放送と新メディア，企業広報，そして映画，これら 4 つの専攻がある。

　文理学部（イーロン・カレッジ）の学部長，スティーブン・ハウスは，コミュニケーション学部のパーソンズ学部長同様，新任である。ハウス学部長は心理学者であり，コロンビア大学とセトン・ホール大学で教鞭を執った経験をもつ。前述した 4 人の学部長は，毎週水曜に昼食を共にしているが，その中で最も外交的で若々しい熱意溢れる人物は，このハウス学部長である。ハウス学部長はまた，学生を惹きつける参加型教育というイーロンの手法に魅力を感じる一方，より多くの教員が研究者としても生産性を高められるよう自らが手本となるようつとめている。

　イーロンの教授陣は，この先 10 年が，大学の学術的評価を決定

づける重要な時期となることをよく理解していたようだ。というのも，2000年から現在に至るまでの教員の研究業績に関する年次報告において，その成果がさまざまな形で表れているからである。イーロンの専任教員235名による研究業績は目覚ましく伸びた。学術論文は大量に雑誌掲載され，学会での発表数や，学外研究資金の獲得数も増えた。また，1年あたり5～8冊の書籍がイーロンの教員によって出版された。学生の育成への関心と，学術・芸術活動の活発化を両立させていること——これこそがイーロン大学の際立った特徴である。

第5章 発展のための資金調達

　みじめなほど少額の寄付基金，同格の大学よりも安い授業料。それにもかかわらず，イーロン大学が「月並みな大学」から「全国的に注目を集め，志願者数が増大する大学」へ急成長を遂げたのはなぜか——このような問いをしばしば耳にする。大学の基金は少なく大口の後援者もいないのに，なぜイーロンは急速な大学改革を行うことができたのか。イーロンの成功は，いかにして為されたのだろうか。

　10を超える方法を駆使し，イーロンはこの奇跡にも似た成功を成し遂げた。イーロンに関わる者の多くは，その業績の多くを「とある人物」によるものと考えている。それは，ビジネス・財務担当副学長を務めるその人物，ジェラルド・ウィッティントンである。イーロン関係者の多くは，彼のことを話す際に「才気に溢れた」「驚くほど聡明な」「慎重でありながら大胆な」といった形容詞を用いる。前理事長ワラス・チャンドラーは「ジェラルドはアメリカ高等教育界における最も有能な副学長の一人だ」と確信している。

　折しも，景気の減速，株式市場の低迷，さらには奨学金や教員給与(2002年には10%もの給与引き上げにより，全米の私立大学ではデューク大学，ウェイク・ホレスト大学，ダヴィドソン・カレッジに次ぐ4番目の高給与となった)のための歳出額の増大により，イーロンの寄付基金の取り崩しが起こるのではないかと予測されていた。そのた

め,2003年2月の教授会において,ウィッティントンはこの財政状況に関する説明を求められた。するとウィッティントンは,ある程度の支出抑制の必要性は認めながらも,この件で大学の財政に深刻な影響が無いことを詳細に説明してみせたのである。彼の説明が終わった時,教授会のメンバーは立ち上がって彼に大喝采を送った。高等教育界においてこのような賞賛の嵐を受けた財務担当副学長など,そうそういるものではない。

　軍人一家に生まれたウィッティントンは,親の転勤に伴いあちこちを転々とする少年時代を過ごした。その後ノースカロライナ大学チャペルヒル校に在籍したが,そこで彼が選択科目として履修したのは,なんと音楽とボイス・トレーニングであった(彼は熟練のバリトン歌手であり,これまで毎年15回ほどのコンサートに出演し,その軽やかな歌声を披露してきた)。さらにデューク大学でMBA(経営学修士)を取得した後,高等教育財務・会計という専門分野に足を踏み入れたのである。その後,弱冠34歳にしてアトランタ郊外にある学生数600人のアグネス・スコット・カレッジの副学長に就任した。1991年頃までにはより大きな挑戦にむかいたいと考えるようになり,イーロン大学での仕事の機会があると聞いてこれに志願したのだった。こうして1992年1月,ウィッティントンはイーロンの副学長に選出された。当時のイーロン・カレッジは,学生数3,227人,年間予算額3,259万ドル,寄金基金は1,400万ドルに満たないほどだった。

　しかしながら,ウィッティントンは慌てなかった。彼はまず,事務管理用のコンピュータ・システムから寄付基金の使い道に至るま

第5章　発展のための資金調達

ですべてを最新式のものに切り替えようとした。彼は，イーロンをアメリカ東部を代表する優良大学にするというヤング学長の夢を強く支持していたが，懸念材料が無い訳ではなかった。イーロンは長年にわたり多くの教員，聖職者，中間層のビジネス人材を育成してきたが，富裕層の卒業生はほとんどいなかったのだ。また理事会メンバーは寛容で仕事熱心ではあったが，やはりそれほど裕福ではないことも分かっていた。さらに1992年当時のリーダーや理事たちの多くは，イーロン変革を目的とした財源の借り入れに消極的だったのである。

その一方，ヤング学長はイーロンを一新し，東部在住の富裕層から広く入学者を増やす政策を推し進めたが，ウィッティントンはこれを大学の財務状況改善の好機と捉えた。彼はアドミッションズ・オフィスへの重点投資計画を支持し，入学者数を毎年100名ほど「増加」させるために全力を尽くさせた。同時に，ウィッティントンは学費減免率（入学した学生に学費にかかる費用を奨学金として還元する）をわずか12％に保つことを主張した。これによりアドミッションズ・オフィスは，イーロンで学ぶための経済的支援をほとんどまたは全く必要としない学生を多く勧誘する必要に迫られることになったのである。他のほとんどの私立大学では，学費の表示額のうち25％，35％，あるいは45％までも学資援助として還元しているが，それによって大学が受け取る収入は学費1ドル当たりそれぞれ75，65，55セントまで下がってしまうのである。

アドミッションズ・オフィスの責任者であるナン・パーキンスとそのスタッフは見事にその課題を成し遂げた。1996年以来，イー

ロンの入学者数は毎年約100人ずつ増加した。その結果，大学に100万ドルの追加収入をもたらした。その金額は，2,000万〜2,500万ドルもの寄付金の利子に相当する。今日では，イーロン学生の出身家庭の3分の2は7万5,000ドル以上の年収がある。出身家庭の年収が4万ドルに満たない学生の割合は，全米の学部生が約30%であるのに対して，イーロンの学生は10%以下と推定される。

イーロンでは多くの奨学金を支給しないこととしたので，ウィッティントンらは学費をできる限り低く維持することに決めた。これは，イーロンに通う学生の家庭が学費をきちんと納めることを促すと同時に，イーロンで学ぶことは得な買い物と思わせるためである。2002年度のイーロンの学費(食費と寮費を含む)は2万400ドルであったが，これは南部の同格の大学より6%安く，ニューイングランドの格上の私立大学より35%安い。現在イーロンは，バロン(Barron)による「お買い得大学ランキング」の学部教育課程部門で，「お買い得」とされる280校のうちの一つに数えられている。以下はウィッティントンによる説明である。「私たちの財務戦略の要は次の3つ。すなわち，入学者数の段階的な増加，学費割引の厳重な管理，そして他校に負けない『お買い得』な学費設定である」。

建設費用と借金

しかし，富裕層学生を増やす政策をとるのであれば，インフラストラクチャーの大幅な向上と，理想的な大学コミュニティを成り立たせるための基本的な施設やサービス機能を充実させる必要がある。

第 5 章　発展のための資金調達

このような局面に当たり，イーロン執行部は 2 つのことを実行しなくてはならないと確信した。ひとつには，最新の設備を備えた美しいキャンパスを創造し維持するという，ヤング学長の意志を引き続き具現化すること。そしてもうひとつは，理事会を説き伏せて，巨額資金の借り入れを行い，徐々にブルジョア化する顧客の要望にみあった，最高水準の新施設の建設を早期に実現することである。それと並行して，建設費用の確保と寄付基金の拡大を目的とした基金募集事業を大々的に打ち出す必要もあった。

　ウィッティントンは何百万ドルもの借り入れを始めた。そのほとんどは，金利変動型の免税債券であった。2003 年までにイーロンの負債は 5,400 万ドルにのぼった。2003 年度の経常（運営）予算は 9,000 万ドルであったが，これに対し 5,400 万という負債額は，一大学が抱えるには危険なほどの巨額であった。経常（運営）予算にしめる負債の割合は 6 割にまで達していた。ウィッティントンと理事たちは，毎年予算の 4.5％を債務返済のために手元資金として蓄えておくことにした。ウィッティントンは，「そんな巨額な借り入れは無謀だ，と考える人もいた。しかし，イーロンが自らの夢を実現するには，大金が必要だったのだ。この 10 年間で建設し，修復し，賃貸したビルの数は 27 にもなる。そして今日（2003 年），我々の変動金利利率はなんと 1％以下だ」と語っている。

　この十余年，イーロンは多くの入学者を引きつけ，学費支援を抑え，大胆な資金の借り入れを行ってきた。それにより，全米において最も魅力的で最新の設備を備えた小規模大学となったのである。

　もちろんイーロンの成功に寄与した要因は他にもある。1996 年

から2001年にかけて建設費用等のための募金事業が行われた。これにより卒業生,理事,父母,友人から多くの寛大な寄付が集まり,その額は4,760万ドルにもなった。そして1990年代後半,株式市場の評価額の驚くべき上昇により,寄付基金は増大した。また,イーロンが一流の小規模大学に必要なインフラストラクチャー建設のため果敢な努力を続ける間,教職員は他校より高いとは言えない給与を厭わずに受け入れてきた。さらにイーロンはダーラム・チャペルヒルとグリーンズボロの間に位置しているが,このロケーションのおかげで優秀な非常勤教員を安く雇用することができた。1994年から2003年までの10年間,イーロンの常勤教員数は140人から235人に増加した。非常勤教員はその10年間,毎年60〜70人が雇用されてきた。現在,非常勤教員が教員総数に占める割合は28%程度にまで減少している。

ウィッティントンは,イーロンすべての部門から資金を絞り出した。また,フェニックスカード(大学が発行するデビット/クレジットカード)発行時の手数料の獲得や,コカ・コーラ社に対してキャンパス内清涼飲料販売独占権を認可するといった革新的な事業により,新たな資金をかき集めた。かくしてウィッティントンは常に新しいアイデアの実現,改善,修繕(ノースカロライナ州の冬の氷嵐で被害を受けたキャンパスの樹木の取り替え等)に投資するささやかな資金をどうにかして蓄えているようだった。たとえば,清涼飲料販売独占権認可から得る収入のいくらかは,毎年選抜された教職員(守衛,秘書,大工,電気工を含む)がロンドンへ1週間旅行をする費用に充てられている。このロンドン旅行は,大学側が教職員の仕事に対し

第 5 章　発展のための資金調達

て感謝の意を示したものであると同時に，海外研修プログラムの一環でもあった。

　イーロンの財政状況を詳細に調べてみると，コスト節減のための倹約策を何十も行っていることがわかる。ウィッティントンは理事会の投資委員会と協議しながら，イーロンの基金を2つの債券会社と4つの異なる証券会社に分配し，多角的な投資を行っている。2002年から2003年に株式市場の急落で，アメリカのいくつかの大学は基金の20％を失った。たとえば，ウェイク・フォレスト大学は，2002年から2004年の2年間で基金の22.4％を失っている。しかし，イーロンは割安株，成長株，コア銘柄，さらに厳選された債券に均等に投資していたため，基金の損失はわずか5.7％であった。この10年間におけるイーロンの平均年次収益率は10.8％である。「我々の方針は長期投資だ。目先の利益のための小手先の財テクはしない」とウィッティントンは語る。

　イーロン大学の執行部は規模が小さく，給与も同格の大学より若干低い。2001年度のランバート学長の報酬は，263,297ドルである。ファーマン大学，ロアノーク・カレッジ，ワシントン・アンド・リー大学の学長の報酬とは同等であるが，競争相手であるフロリダ州のロリンズ・カレッジの学長の報酬(324,243ドル)やアラバマ州のバーミンガム・サザン・カレッジの学長の報酬(357,335ドル)を下回っている。また管理職の中には時折教壇に立つ者もいる。ウィッティントンは定期的にビジネス・スクールで財政学を教えるし，スミス・ジャクソンは共同で学生発達心理学のセミナーを受け持つ。詩人であるジェフ・シュタイン学生部長はクリエイティブ・ライティング

の科目を，マクブライド司祭は彼自身の生涯についての授業を，といった具合である。

イーロンの235名の教員の給与も，2002年までは同格の大学より若干低かった。教育者かつ研究者である人材を新たに雇用するに当たり，大学執行部はもっぱら若い准教授を採用し，高給な年長者や著名な学者を避けた。この戦略による経費削減は相当なものである。「実際，経費の有効な使い方を追求する上で，最も重要な役割を担うのは教学部門職員だ。我々のような財務担当者ではない」と，ウィッティントンは主張する。

資材・物品購入の手法もまた，イーロンが秀でている分野である。イーロンの購入担当者は，低品質の商品に走ることなく，首尾よく食品からコンピュータまでほとんどの商品を特価で手に入れることができる。近年，全米教育消費者協会（訳者注：現在は全米教育調達協会 National Association of Education Procurement。1,500以上の大学をメンバーにもつ非営利団体で，北米地域の高等教育機関における調達事業に関する情報を提供している）は，イーロンの購買手法が優れているとして，全米の非営利組織の購買者トップ10のひとつに挙げた。

硝子張りの予算

アメリカの多くの大学の予算は謎に包まれている。予算決定の過程も，規模も配分も，支出額も，キャンパスにいるほとんどの人は知りもしない——どこの大学もそんなものだろう。しかしながら，イーロンは違った。イーロンの予算編成過程は，極めてオープンな

のである。

　予算作成は毎年秋に始まる。ビジネス・財務担当副学長のウィティントン，そしてプロボストであるフランシスが，その年の事業，「イーロン新世紀計画」，地方財政と国家財政の見通しを考察した後，翌年度のおおまかな予算を決定する。その予算案はランバート学長に提出され，学長により承認，もしくは代案が提示される。次に優先事項を明記した予算案は理事会の執行委員会に提出され，そこで承認または修正を受ける。その後，ウィティントン，フランシス，学部代表者で構成される予算委員会が開かれ，予算の大枠が示される。そして各部局の長は，この大枠に従ってそれぞれ次年度予算案を組み立てるのだ。この段階で，インフレ率，入学者や学生の在籍率に関するデータ，財務の見通しなども伝えられる。次に各部局長はガイドラインに基づいて予算要求の準備を整え，学部長や副学長レベルの責任者に提示する。これらの予算要求はあちこちで削られたり増やされたりしながら，当初予算案が形成されていく。

　1月に最初のおおまかな予算配分が全学フォーラムで発表され，同時に新しい資金や財源の変更，そして継続的な分配額に関する運営の想定や理由についての説明も行われる。この全学フォーラムには，教員だけでなくイーロンで働くすべての人が招かれる。「コンピュータのトレーニングに十分な予算は取られているのか」「海外研修を支援する予算は十分と言えるのか」「なぜ今年寮を修繕しないのか」──フォーラムではこのような質問が飛び交い，また予算案に対して修正提案する者もいる。フォーラムが終わると，予算委員会はもう一度予算を削り，追加し，整理し直す。数週間の後，委

員会は修正予算案を全学フォーラムに再度提案し,更なる質問,提案,最終コメントを受ける。

このようにして修正と調整を施された次年度の修正予算案は,学長に提出され,可能な限りの微調整を加えられた後,理事会の最終承認を受ける。ウィッティントンによれば,理事会が提示された予算案を修正したのはこの 10 年間で 1 度きりとのことである。その修正の理由は,「教職員の給与への予算配分を増やす」というものであった。

イーロンにおける予算編成は,限られた資金の効率的な配分を考えるだけでなく,大学の資金がどれだけ,どういう目的でどのように使われるのか,といったことをイーロンに関わる全員に教育するプロセスとも捉えられている。そしてこのプロセスにおいては,予算の有効活用に関して,当事者自らが画期的な解決策を考え,提案することができる——少なくともウィッティントンはそのように考えている。

策定間近:新財務戦略

毎年の入学者数の増加と非常に低い授業料減免率——イーロンの財務戦略は,これら 2 つの政策基盤の上に成り立っていた。しかし今,その基盤が揺らいでいる。

1990 年代後半,イーロンは,居心地がよく,活気に満ち,お互いに協力的なコミュニティを維持するためには,学生数を 4,000 人にとどめるべきというビジョンをもっていた。しかしながら,2003

第 5 章　発展のための資金調達

年には在籍者数が 4,432 人となった。大学が 4 学部に分かれたことに加え，大学院生枠が増やされ，新たにロー・スクールが設立される可能性もささやかれている。そのため，教員や学生の中には，イーロンは大きくなりすぎたと考え始める者が出てきた。

　学費収入を最大限に得るという戦略のため，イーロンの学費減免率はわずか 12％に制限されていた。しかしイーロンに入学する学生の質を向上させたいというランバート学長の強い希望により，優秀な入学志願者に対し，能力に応じて給付するメリット型の奨学金が新たに多数設立され，オーナーズ・プログラムが強化された。この取り組みにより，イーロンは 2003 年度に学費減免率を 12％から 17％にすることを余儀なくされ，これにより，学費減免に対して必要な予算は 42％増となった。また教員の給与も大幅に上げられた。

　イーロンは，寄付基金の規模が小さいにもかかわらず，急速な発展とめざましい成長を遂げた。それを可能にした財務戦略——イーロンの屋台骨とも言える 2 つの基盤は，今や危機にさらされている。ウィッティントンは，「我々はまだ成長の途中だ。ただおそらく，今後の学生数の増加は，毎年 100 人ではなく 20〜30 人といったところだろう。最も優秀で最も良い学生を獲得する競争が激化の一途をたどる中，イーロンがメリット型奨学金を利用して学生の質を向上し続けること，これは重要だ。しかしながら，我々が財務計画を作り直す必要があることは疑いようもない」と語る。

　全米の高等教育機関ランキングでトップに躍り出る勢いを維持するため，イーロンは既に新しい資金確保の手段を再構築し始めていた。イーロン執行部と理事会は，ナン・パーキンス率いる企画開発

担当部門強化のため，予算配分を50％増加させた。そしてパーキンスは，企業の寄付や遺贈寄付の専門家を新たに雇った。さらに，「仲間うちの連帯を強めるため」，寄付集めのための大規模ボランティア・グループの組織を計画している。

イーロンでの寄付募集事業は，少数の卒業生や友人，父母，理事らに依存するところが大きかった。しかし今やイーロンの幹部は，自らのネットワークを財団や企業にまで広げ，各組織での予算計画の中にイーロンへの寄付を組み込んでもらうよう促さなければならない。また，これまでのイーロンの卒業生は，大学で受けた配慮に対して寄付の形で恩返しすることにあまり乗り気ではなかったが，大学執行部は彼らからの年次寄付を増やすつもりでいる。

イーロンにおける募金事業は，その時々で上手くいくことはあっても，他の事業のように継続的に優れた実績を残すことはなかった。募金事業を指揮してきた幹部の一人は「寄付募集において，我々は長年，リーダーシップや人材面での問題を抱えていた。また，最近まで寄付募集や投資は優先事項ではなかった」と説明している。しかしイーロンの発展は，この事業担当者のプロフェッショナリズムと努力にかかっている。大学がこれ以上資金を借り入れることは不可能であり，また生徒の学費収入による増収の伸びは緩やかである。1990年代の入学者数増加政策の時と同じく，この事業の要となるのはナン・パーキンスとそのスタッフである。

4人の学部長は将来，新たな資金集めに取り組むことを求められる——これはほぼ間違いないだろう。ウィッティントンはこの点を十分に理解し，「新プログラムの展開を遅らせるような決断も必要と

第5章　発展のための資金調達

なるかもしれない。まずは我々の得意分野を徹底的に強化するために」と述べている。医療費と同様，アメリカの高等教育費は消費者物価指数より年間30〜40％速く上昇している。イーロンは，資金をかき集め，寄付を請い，戦略を練り続けることを求められている。この点には疑問の余地がない。

　この状況はイーロン執行部にとって大きな懸念ではあったが，一方彼らは，イーロンの評判を引き続き高めていくという強い意志も示していた。2003年，ランバート学長と理事たちは，鉄道線路を越えたキャンパス南側の土地8エーカーの購入を承認した。その土地には，何十年もの間「イーロン子どもの家」が建っていた。そこは，孤児や問題児の安らぎの場だったのである。土地購入の費用は280万ドルであった。ウィッティントンは，「その土地と建物をどうするかはまだ決めていない。しかしイーロンはまだ成長を続けているし，私たちはこの美しいキャンパスを守りたかったのだ。サーファーというものは，次に来る波に先立って行動しなくてはならない」と語る。

　わずか5,500万ドルという規模の寄付基金で成り立つ大学にとって，これは大きな投資であった。しかしイーロンはこれまでそつのない投機を行ってきたし，この点においてはおそらく今後もかわらないだろう。

第6章 成功の果実と予期せぬ結果

　過去20年にも及ぶイーロン改革，これに周囲が気づかないはずがなかった。「U.S. ニューズ＆ワールド・レポート」の大学ランキングにおいて，イーロンはここ数年毎年順位を上げており，南部で博士課程をもたない大学グループの中で第8位に格付けされている。バロンの大学ランキングでは「お買い得大学」280校に選ばれ，テンプルトン・ガイドでは「人格教育(character development)」の面で優れた全米トップ大学100校に入った。そして，アフリカ系アメリカ人学生のための大学案内である「カプラン・デイ・スター・ガイド」では，アフリカ系アメリカ人学生にとっての全米優良大学100校に入った。「ヤフー・インターネット・ライフ」誌では，ネットワーク・システムの整備された大学トップ100校に選ばれた。さらに，イーロン大学は，最高の初年次教育プログラムを提供する大学のひとつに挙げられた。全米学生意識調査(NSSE)においても，参加型学習と挑戦的な学術環境を提供しているということで，3年連続でトップ10%に入った。

　ハーバード大学卒のワシントン・ポストの教育レポーター，ジェイ・マシューは，『*Harvard Schmarvard*』誌を2003年に出版する際に，すでに非常に評判の高い大学だけでなく，「知られざるお宝」のような大学を発掘したがっていた。高校の進路指導カウンセラーなどによれば，彼の徹底的だが非科学的な質問調査において，イーロン大

学は全国で注目されるべき「知られざるお宝大学」トップ100校の1位に輝いた。かつては小さかったイーロンが，紛れもなく「噂の」大学となったのだ。

イーロンのリーダーがこれまで計画し，種をまき，戦略的に育ててきたことが，明らかに実を結び始めていた。入学願書は増え続けた。イーロンでの教育・研究活動を望む優秀な若い教員も増えてきた。より多くの新しい才能が大学に集まり出したのである。教育面についても，いくつかのプログラムの評判が上がり始めた。実際，アメリカの学部教育を調査した人々の中には，イーロン大学はアメリカの模範的な大学になったと確信する者もいた。ノースカロライナ州西部にあるブリバード大学の大学初年次教育政策センターのエグゼクティブ・ディレクター，ジョン・ガードナーもそう確信した一人である。「イーロン大学はアメリカの学部教育の新しいゴールド・スタンダードだと私には思える。彼らの行動は，ほとんどすべてが正しい。すべての役員，教員，職員が丁重で，教育的で，面倒見が良いように見える。イーロンは真のコミュニティであり，しかも学術的な質も高まっている。ひとつ助言をするならば『うっかり台無しにするな』であろうか」。

成功の先に見えたもの

アメリカのトップ学部大学ランキングでの流星のような上昇は，イーロンにいくつかの皮肉な結果をもたらした。これはイーロンに限ったことではない。大きな問題を克服した時，または絶大な成功

により新たな名誉を手に入れた時，または戦略的努力によって大成功を収めた時，我々は必ずと言っていいほど予想しなかった新たな苦境に直面する。組織とはそういうものである。成功，とりわけ急な成功には，代償がつきものだ。

同様に，何らかの新たな取り組みが，別の領域での成果とコンフリクトを起こすこともある。コミュニティ，社会，大学は，自然に互いの調和がとれるわけではない。対立や不和を避けて通ることはできないのだ。たとえば，最新のデジタル技術を大学運営や情報交換のために急速に取り入れるとしよう。新しいコミュニケーションの伝達手段が，絶大な恩恵をもたらすのはもちろんだ。しかし，もし大学が，多様な学生同士，また学生と教員ができるだけ対面的に交流することに誇りをもっていたとしたら，どうだろう。人やアイデアに直接ふれ，困難な状況を実際に経験して学べることは，仮想空間でも得られるのだろうか。インターネット上での効率のよいやりとりも，相手の顔の見えるフレンドリーな交流も，大学という社会環境においてはどちらも望ましいし，学びを促進するように思える。しかし，両者は果たして矛盾しないのであろうか。

成功の中には皮肉な結果浮上し始め，イーロンは数々の小さな矛盾に直面しはじめていた。幸運だったのは，イーロンはここで注意深く内省したことである。「私たちは健全な妄想症であった」と語る役員や教員は一人ではなかった。南部大学連盟(The Southern Association of Colleges and Schools)による認証評価にむけた調査を見れば，イーロンが自らの欠点について他に類を見ないほど率直であり，改善にむけての真摯な姿勢をもっていることが窺える。

第6章　成功の果実と予期せぬ結果

　この10年で，在籍学生数は伸びた。学生数が4,000人を超えてしまったら，イーロンの特長である，社交的かつ助け合いと相互尊重の気持ちに満ちた共同体としての意識を大きく損なうのではないかと，多くの教職員や執行部，学生，卒業生が心配していたのはつい最近のことだ。今日，イーロンの在籍学生数は4,500人を超え，さらに伸びている。また，大学院生数や大学院レベルのプログラムを増やす可能性についても議論されている。共同体としての意識が崩壊，分裂，腐敗し始めるのは，いったいどの規模に到達した時なのであろうか。

　イーロン大学では奨学金が豊富でないため，白人系の，裕福な学生が圧倒的に多い。アフリカ系アメリカ人の学生の数を増やすため，大学は大変な努力をした。結果，現在では在籍学生の8％をアフリカ系アメリカ人が占めるまでになった。しかし，アメリカ合衆国の人口の20％を占めつつあるヒスパニック系やアジア系は，イーロン大学では1％にしかならない。ユダヤ系は，たった1.6％である。ランバート学長は，アドミッションズ・オフィスに多様性確保のためのリクルーター1名を新たに配置した。また，ノースカロライナ州の低所得家庭出身の学生のため，毎年8名のワトソン奨学生を募り，その奨学金に300万ドルの寄付金を充てた。

　アメリカ合衆国では複数言語を使用する人口が増え，また，ヒスパニック系，アフリカ系，アジア系の人々が流入し続けている。このことを考えれば，イーロン大学は更なる民族的多様性の拡大に努めなければならない。特にヒスパニック系とアジア系学生は重要である。しかし，他の多数の大学で起こったように，海外の学生との

多文化共存を強く押し進めることによって，逆に学生間で民族でのグループ化が進み，不和が生じるかもしれない。その結果，イーロンが大切に育んで来た「イーロン・バブル」という特別な環境を失うことにもつながりかねない。

また，体育会がディヴィジョン1への加盟を許可された流れからすると，スポーツ奨学金を増強し，勉学よりも主にスポーツに長けた若い運動選手タイプの学生を増やす事になるのだろうか。そういったスポーツ系学生の育成に尽力する一方で，特待生対象の奨学金によって学力優秀な新入生を増やすことが同時に可能なのだろうか。イーロンは，学生に学外でのインターンシップや海外留学への参加を提唱しており，ときには必修となっている。運動能力に優れた学生を招き入れた場合，彼らはインターンシップや留学に加え，キャンパスでの練習や試合のスケジュールもこなさなくてはならない。このことは矛盾を孕んでいないか。

大いなる葛藤

イーロンの学術活動に関する外部評価が急速に上昇したのは，まずなによりも，学生の成長をピンポイントで重要視したことに起因する。具体的な方策としては，経験学習も含めた学生参加型の学びの普及に徹したこと，大学政策を決めるにあたって幅広い学生を参加させたこと，教員が熟練した指導を熱心に行ったこと，そして，カントリークラブのようなキャンパス環境の中に学生の成長を促す体制を整備したこと，があげられる。イーロンではこのような学部

第 6 章　成功の果実と予期せぬ結果

生の学びへの取り組みが忠実に守られて，その精神は大学全体に広く深く行き渡っているようだ。それは，イーロンが，1980 年代から 1990 年代にかけて学生満足度を向上させる必要性に直面した経験があったこと，宗教的なルーツから，学術面だけでなく，価値観について考えたり，社会貢献や自己省察を通しての成長を奨励したこと，そしてイーロンに在籍する学生の特性を把握し尊重したこと，の 3 つが原動力となっている。その方向性は，今でもイーロンのいたるところで感じ取ることができる。

しかし，国内で注目され，一定の評価を得た今，大学のリーダーであるランバート学長やその他多くの教員や役員は，学問探求の場所としてイーロンをより発展させるべきと考えた。そしてイーロンは，学術研究の業績レベルを向上させる努力を始めた。教員はより多くの時間を研究に割き，主要な学術誌に発表することを期待された。また，学生は大学院に進学し博士号をめざす進路も推奨されるようになった。より厳格化がすすめられたオーナーズ・プログラムとその所属学生にも大きな注目が集まった。全国から優秀な学生を集めるため，特待生奨学金が新たに創設された。また，テニュア審査の手続きにおいて，学術的業績をより厳格に求めるよう規則が改訂された。そして，コミュニケーション学部とビジネス学部は，専門認証を受けようとしている。

イーロンの学術活動に対する世間の高い評価，そして学生の成長と学びを最優先とする姿勢への賞賛。これらを得ようとイーロンを駆り立てるのは，単に大学の評判を高めたいという思いによるものではない。学生の活発で活動的な傾向のためか，イーロンはいつの

間にか,より実用的,言い換えれば,職業訓練に近い教育機会を提供する大学に変貌しつつあった。1997年から2003年の間に,文理学部(芸術学,生物学,化学,英文学,歴史学,数学,音楽,政治学,哲学,心理学などの専攻)で学士号を取得する学生の割合は10%減少した。その一方で,ビジネス,コミュニケーション,教育,工学,映画制作,社会福祉,レジャー・スポーツマネージメント,公共経営,演劇といった実用的な分野への関心が高まった。イーロンは,2002年の自己評価において,このことに不満を抱く教員のコメントを引用している。「イーロンが総合大学化したことで,学士課程教育の中核をなしてきた伝統的な一般教育への関心が失われている。一般教育や人文科学は周縁に追いやられつつある」。

イーロン全体が一般教育重視から実用的な専門職準備トレーニングへ移行しているという指摘をきっかけに,ランバート学長は,一般教育に「中心的な役割」を取り戻させるための方策を考えるようになった。ランバート学長がとった措置は2つ。ひとつは,文理学部を新たに設立すること,もうひとつは,ファイ・ベータ・カッパ・クラブ(Phi Beta Kappa)への加盟申請を行うことであった。ファイ・ベータ・カッパ・クラブへの加盟審査では,大学の伝統的な一般教育と深淵な知的探求を常に追い求めてきたかという点が慎重に検討される。ファイ・ベータ・カッパ・クラブは,学部学生に対する実用的な専門トレーニングや,おそらくは参加型学習に対しても,懐疑的な傾向がある。ファイ・ベータ・カッパ・クラブ加盟の急先鋒であるランバート学長と英文学教授ラッセル・ジルは,「ファイ・ベータ・カッパ・クラブ加盟への道はイーロン自身を癒す効果がある

第6章 成功の果実と予期せぬ結果

だろう」と述べた。また「イーロンの学部教育をよりバランスの取れたものにするため，必要なことである」とも主張した。

1994年から2003年の10年間で，イーロンでは，学生に対する学業成果を厳しく求める姿勢が強化され，一般教育の重要性も徐々に認識されていった。1994年には1040点だった新入生のSATの平均点は，2003年には1159点まで上昇し，新入生の高校での評定平均は4点満点中3.1から3.6に上がった。入学から6年以内で卒業する学生の割合は63.2%から71.2%に上昇し，大学院や専門大学院に進学する卒業生の数も増えた。大学卒業直後に約18%の卒業生が大学院に進学し，さらに約20%の卒業生が卒業後1年から3年間旅したり働いたりした後に進学すると見られる。これらの数値，トップのリベラルアーツ・カレッジや小規模総合大学と比較すれば確かに低いのだが，その前途は有望である。

参加型学習，職業経験，そして社会貢献活動を重視した結果，卒業年次に就職内定を2つ，時には3つ獲得する学生が43%にもなった。夏のインターンシップ参加や海外体験が，就職内定につながるケースがよくみられる。たとえば，2003年卒業のアニー・ライリーは，大学時代に地域新聞社2社と通信会社1社でインターンとして働き，卒業後にはユナイテッド航空の機関紙のエンターテイメントガイドのアシスタント・エディターとして仕事を始めることができた。2000年卒業のリッチ・ブルームクイストは，テレビ番組デイリー・ショーのライターとなり，2003年にエミー賞の脚本賞を受賞している。イーロンには，学術探究への興味を強める学生がいる一方で，自分の能力や興味にあった専門性の高い仕事に就くこ

とができた学生も増えている。

イーロンは,学生の成長,価値,自己内省に特に重きを置き,これらを完成させるべく努力してきた。より伝統的な一般教育を確立させ,教員の研究活動や学識を強化する一方,専門教育を提供する他の3学部をアメリカ南東部に存在するどの同種プログラムとも引けを取らないレベルに引き上げた。しかしこうした一連の努力が,キャンパスに新たな問題をもたらした。時間がどんなにあっても足りないのである。おそらくほとんどの学生が,経験学習や交流活動,勉強,就職活動のそれぞれに十分な時間をかけることは難しいと気付くだろう。そして,多くの教員は,学生指導のために時間を割くべきか,研究者として学術業績のために時間を割くべきか,ますます悩むようになるだろう。

2002年に行われた一般教育に関する自己評価において,ある外部評価者は,多くの教員にインタビューした印象を,「多くの教員が『せわしない空気』を感じている。教員は全ての時間を差し出さなければいけないように感じ,自分自身の研究や自己研鑽の時間は後回しになっている。また,研究業績を重視することによって,創造性豊かな教え方を学ぶこと,幅の広い人物となるために教員自身が多くを学ぶこと,そして学生に必要とされる時に応えられなくなること,を懸念していた」と語っている。

学生を大切にする大学として,その地域で最も評価の高い大学という要素を保持しつつも,先進的な研究や専門教育のために必要な環境を整備する。果たして,この難問にイーロンはどう立ち向かうのか。

第6章 成功の果実と予期せぬ結果

ジレンマとの対決

　2002年11月末の週末，ランバート学長によってリーダーシップ・イーロン・セッションが開かれた。この会合，今では年に2，3回開催される。一回の会合には35～40人の教員，卒業生，地域住民，学生，職員，評議委員が招かれる。参加者はイーロン新世紀計画の重要項目を念頭に，入学状況，教員によるプロジェクト活動，新学部構想，大学の財政状況などについて情報を得るとともに，イーロンがどこに，どうやって向かおうとしているのか，学長に直接質問することができる。この会合は，イーロンの現状と将来計画についての構成員間での情報共有，そして，イーロン発展にともなって弱まりかねない共同体意識を保持するためのひとつの手だてとして，ランバート学長が創造性豊かに発案したものだ。「イーロンにはすばらしいチームワークがある。イーロンではみな，お互いの領域に入り込んで物事を考え，協働することが可能である」と，学長自身が信じているのであった。

　大学執行部は，革新の成果があがるにつれてストレスも増大しているという状況を，十分に認識しているようだった。学内にはいくつかの対立項が出現しはじめていた。たとえば，革新的な学生参加型学習の促進 vs ファイ・ベータ・カッパ型の伝統的な学識や実証主義的学問姿勢，そして，かつての改革方針 vs 新たな将来計画，など。そういった対立や矛盾の解消手段のひとつとしてリーダーシップ・イーロン・セッションが開催されたのである。一般教育と専門教育，教育と研究，快活で行動中心型の学生と非常に勤勉な優秀

105

奨学金の受賞者,充実した寮生活と海外研修やインターンシップ,学術面での活躍と人格の涵養——いかにしてこれらのバランスをとるのか。それこそが主要な関心となった。

　これは,アメリカの高等教育が始まって以来問われ続けているテーマに関連する。大学教育の目的は,学問を蓄積するためか,それとも,文明の歴史や国民的遺産について知識をもちつつ,市民としての可能性と義務を理解した人材を育成するためか。大学は,学生が人生をより良く生きていくための教育をするべきか,または,職業人を育てることに特化すべきか。アメリカの民主主義的社会への誇りを強調すべきか,または,世界の多様な文化,宗教,政治形式への寛容さを育てるべきか。最高の大学であるためには,個性を強調すべきか,またはバランスのとれた組織として,多様な構成員に対して開かれているべきなのか。

　学生中心の学習環境という点において,イーロンは全米でもとりわけ評価の高い教育機関のひとつとなった。誰もが口々に「現状を台無しにするな」と言う。しかし,非常に思慮深いランバート学長でさえ「もっと上をめざすにはどうしたらいいのか,そして,私たちの勢いを維持するにはどうしたらいいのか」と自問する。その答えは,全くもって闇の中だ。しかし,学長はじめイーロンの構成員は,さらなる飛躍への熱意を失っていないのである。

第7章 躍進の要因

　ひとつの事例をもとに一般論を導くことは，多くの場合危険である。しかしイーロン・カレッジが急激な発展をとげて現在のイーロン大学となったプロセスは，「ありふれた・地方の・貧しい」大学から「個性的で・洗練され・財源の安定した」大学への変化の実例である。その躍進の要因を探ることは，意味のある事だろう。質を高め，名を上げることを強く望む大学にとって，イーロンの事例研究は何らかの役に立つのではないだろうか。

　ここ数十年のイーロンの動きを分析すると，その急成長を支えた6つの特徴が指摘できる。第1の特徴は，前学長フレッド・ヤングの提唱した「全ての面における質の向上をめざす」という主旨である。ヤング前学長は，イーロンにおけるあらゆる活動は優れたものでなければならないと常に説いた。そしてキャンパスにおけるイベント，海外研修，授業，電話応対など，できるかぎり礼儀正しく，正確で，円滑で，役立つように努めたのである。現在では，イーロンのどのオフィスや教員に電話をかけても，親切で有用な対応を受けるに違いない。またイーロンを訪れてみれば，その敷地や植栽の手入れは行き届き，人目を引くことがわかるだろう。キャンパスの改革にあたっては，イーロンの関係者は，素晴らしいキャンパスをもつ他大学の訪問調査を行った。これは，他のどこよりも素晴らしい建物を造るためだ。またイーロンの理事たちは，建造物の補修工事を決し

て先延ばしにすることはなかった。

　もちろん，さまざまな点(音楽教育やITプログラム，学生支援，同窓生への対応など)で質の高さを誇る大学は，イーロンの他にも多くある。しかし，学食での食事内容からトイレの清潔さに至るまで，大学業務のあらゆる側面においてイーロンほど徹底的に小さな努力を積み上げている大学はほとんど無い。イーロンは，物事を適切に行おう，満足の行くように実施しよう，という気概に溢れている。これこそが，父母・訪問者・コンサルタント・学生，そして教員が注目し，かつ非常に好意的に論評するイーロンの特徴である。

　イーロンの特徴の2つ目は，計画立案に対する中毒症ともいえるこだわりである。ヤング前学長もランバート学長も，戦略的に優先事項を決め，目標を立てた。更に重要なのは，次にめざす事を周知し，確実に戦略を実行し，「絵に描いた餅」で終わらせなかったことである。各戦略計画の進捗状況を毎年全体で共有することにより，アイデアとしての戦略は，緊急にするべき具体的な課題として，また，財政投資の対象として具体化された。そして，その戦略計画そのものが確かな調査分析に基づいたものであり，その結果，イーロンの独自性を打ち出し，比較優位性を与えることに成功したのである。イーロンは，どこにでもあるような学校ではない。戦略的な新規構想を打ち出す際には必ず，実現に必要な物理的・具体的条件を整え，実現までの具体的なロードマップも合わせて提示されてきたのである。

　アメリカの高等教育機関の多くは，リスクを回避しようとする傾向がある。よく知られていることだが，教員や学長の多くは変化，

とりわけ大胆な飛躍を嫌う。しかし，イーロンは違う。リスクをとることを恐れず，その冒険が報われることに賭けてみようとする。イーロンは，用心深いながらもしっかりとした自信に裏打ちされた，一定の信念を共有するコミュニティである。そして，常に社会の動向や新たな価値観に対して鋭い感性をもちつつ徹底的に分析することも忘れない。大学執行部は，イーロンの将来像を大胆に描いている。そして，その将来像が，外部の要因に影響され，流されることを許さない。

人材最優先

　高等教育は人に関わるビジネスである。各高等教育機関がどんな存在になりうるかは，学生・教職員・執行部の質や卒業生の愛校精神にかかっているのだ。イーロンはこの現実をよく理解している。それは，イーロンの評価が上がるにつれ，あらゆるレベルの人材採用選考において慎重さを増していったことが証明している。

　イーロンの進歩に関する3番目の特徴は，この点，つまり，人材の選考，育成，報奨といった事に対して，考えうる限りの配慮がなされたことである。イーロンは常にあらゆる構成員のことを気にかけている。リーダーシップ・イーロン・セッション，計画会議，来年度予算に関するプレゼンテーション，火曜日の朝に開かれる噴水の集いには，教員や学生だけでなく，キャンパスの環境整備士，秘書，警備員も招待される。アメリカの高等教育機関の中で，イーロン・コミュニティは，あらゆる人を受け入れようとする姿勢におい

て群を抜いている。ダニエリー学長(1958〜1973年)の在任中には,学外ではベトナム戦争や市民権運動にまつわる激動があり,そして学生運動の激化,服装・言論・音楽の急進的な変化があったが,それがイーロンの共同体文化に影響を及ぼす事や,教育活動の障害となることを学長は許さなかった。その時代から,イーロンにおける協力的共同体としての特長を宝石のように大切にしてきた。決して感傷的にならないビジネス・財務担当副学長のウィッティントンも,これを「イーロン流」と呼ぶ。立場に関係なく,イーロンの誰もが,礼儀正しく協調的に振る舞い,情報を共有しあい,誰かの役に立てるよう心がけ,イーロンの発展に関わることを求められるのである。

　教職員の採用選考は非常に注意深く行われる。それはあたかも,一流の料理人が市場で魚や野菜を吟味する時のように。そして,一旦新しい教職員が採用されると,オリエンテーション,研修,アドバイザー制度を通じての育成が即座に始まるのである。学生についても同様で,リクルート活動には明確な目標を設定し,高校の進路カウンセラーに対して穏やかかつ粘り強く働きかけ,また奨学金の受給者を慎重に選考した結果,現在の質の高さが得られたのである。ヤング前学長の後継者となるランバート氏の選考も,徹底的だった。ヤング前学長と同様,ランバート学長は強い意志を備えた魅力的なリーダーである。学長と理事によるリーダーシップは先進的で力強く,その力がイーロンをより価値ある事業体へと押し上げたのだ。

　2002年以前には,イーロンでの給与は比較的安かった。しかも誰もが大変な業務を抱えていたにもかかわらず,教職員の離職率は驚くほど低かったのである。これは調和がとれ,愛情に満ちたコミ

第 7 章　躍進の要因

ユニティが存在したおかげであり，学生はこれを「イーロン・バブル」と呼んでいる。ヤングは 25 年間学長を務めたが，このことについてある副学長は次のように述べた。「これが計り知れない財産となった。ヤング学長は，継続して確固たる目的を掲げ，そして本学の戦略的計画目標を伝え続けたのだ。このような恩恵にあずかれる大学は，わずかだ」。ジェラルド・フランシス，ナン・パーキンス，G. スミス・ジャクソン，レラ・フェイエ・リッチ，スーザン・クロップマン，ジェラルド・ウィッティントン，リチャード・マクブライド司祭，アラン・ホワイトといった大学幹部は全員，イーロンに 10 年以上籍を置いている。教員と理事の多くも，驚くほど長くイーロンに在籍している。本来ならばこのような土壌は容易に腐敗を招く。しかし，イーロンに留まるほぼ全員が，イーロン向上への意欲をもち，揺るぎない忠誠心と献身の姿勢を有している。それは以前と変わらない。

　イーロンに関わる人間を選ぶ際に，イーロンの発展を支える姿勢があるか，また（イーロン流の）居心地のよい共同体生活に貢献できるかを確認する事で，確かにイーロンでは和が保たれている。しかしそれは，大学の人的・学術的交流に刺激を与える可能性のある，先鋭的な人材を拒否することにもつながった。つまり，気難しい詩人，過激な社会学者，仕事に厳格な科学者，口やかましい哲学者，といった人材を受け入れてはこなかったのである。学生や教員の多様性は，学問的業績の向上に一役買う可能性もあるし，そういった人材の言動によって，後から振り返ったときにくすりと笑えるような思い出ができるかもしれない。逆に，過激な議論や，目的を失っ

た非生産的な議論が繰り広げられる可能性もある。

イーロンの名を高めることに貢献した4番目の要因は，アメリカの過密な高等教育界において，ニッチ市場を作りだそうとした意欲である。この数十年間，イーロンは学生の成長を最優先事項とし，そこに望みをかけてきた。青年期特有の不安定さ，ナルシシズム，物欲，といったものから学生を救いだすべく尽くした策は，数知れない。イーロンは，学生参加型学習をとりわけ重視していることを誇り，外部に伝えた。講義を受け・ノートを取り・インターネットからデータを集め・試験を受ける，といったこれまでの受動的学習に対し，学生参加型学習とは，経験の振り返りを基盤とした能動的な学びのプロセスのことである。

学生参加型学習の実践においては，教員各人が「頻繁に学生に会い，動機ややる気を起こさせるような先生」でなければならないと，イーロンは力説してきた。「イーロン体験学習」を考案し，その政策審議の過程にも学生を参加させた。また，インターンシップを通して，学生の成熟を促し，自信をつけさせる事を目指した。ウェルネスや，マクブライドによるライフ・ストーリーといった科目を設け，学生たちが自分自身と向き合い，自身の価値観について認識を深めることを奨励した。さらに，このところ学部生による研究活動が活発化しており，それによって学生は教員の研究者としての一面に触れることができるようになった。同様に，活気に満ちた課外活動や体育会活動も，学生と教員を結び付けるうえで有効に働いている。

イーロンで展開されるプログラムの多くは，正課内外のどちらであっても，学生の特性に関する調査研究に基づいて開発されてきた。

イーロンでの教育は，イーロンに魅力を感じている学生の好みにぴったり合っている。大学執行部は，学生参加型学習というイーロン流のやり方が，今後は高等教育界の潮流になると信じているが，これは少々自画自賛的であるかもしれない。しかし，この挑戦は今のところ，画期的な試みであると同時に良い成果も得られており，またイーロンの個性を打ち出すのに成功しているように思われる。

財政政策とマーケティング

イーロンの成功の要因，5番目は，小規模な財政基盤をさまざまな方法で成長させたその洞察力である。プロボストのフランシスらが教育プログラムに対して行ったように，学長や広報・財務責任者，そして理事会は，経費借り入れや学費設定，資金獲得にあたって，巧みな戦略をとった。同レベルの大学よりも学費を低く抑えて，市場での競争力が増すようにし，イーロンは「お買い得」な学校であると打ち出した。学生獲得戦略を大いに展開する一方，学費減免率を非常に小さくするなど，その手腕は巧みであった。これらの戦略の目的は，大学のイメージを一新することだけでなく，必要な財源を創り出すことでもあった。そして，学生を満足させるため，大胆な借り入れによって，他大学のどのキャンパスにも負けないほど美しく現代的なキャンパス環境を整備した。

イーロンの姿勢は，果敢で，創意に富みつつも，慎重さと良心を忘れていない。限られた資金を素晴らしい技量で活用してみせたのだ。「私たちは，投資した2ドルが3ドルの価値になるように努め

た」と，ウィッティントンは語る。

しかし目下のところ，ランバート学長と大学のリーダーたちは，イーロンを学術面での名声を得るという新しいレベルをめざしており，その財政状況は変化している。大学の継続的な大望を叶えるため，すでに新しい資金調達の優先順位が立てられているようだ。

イーロンの躍進を助けたと思われる特徴，その6番目にして最後の項目は，最新のマーケティング技術である。その道のベテランなら知っていることだが，マーケティングとは単なる押しの強い広報と販売促進だけではない。販売促進(promotion)とは，高等教育マーケティングの5つのP——プログラム(program)，価格(price)，場所(place)，人(people)，販売促進(promotion)の中のひとつに過ぎないのだ。イーロンは，正課内外の教育活動プログラムを，学生のニーズと適性にあったものにできたと確信している。学費や寮費といったイーロンの「価格」は，ほとんどのライバル大学より低く抑えられた。キャンパスの外観や設備などの「場所」への投資には，常に注意が払われた。そして「人」であるが，イーロンでは学生や父母のニーズにまで目配りできる人材が担当者として選ばれ，十分なトレーニングが行われている。

イーロンはその一方で，社会全般に向けて自らを売り込むことに関しては，ヤング学長の晩年まで大して気にも留めていなかった。しかしここ10年は，熱心にそして確実に，イーロンの個性と急速な改革の成果に世間の注目を集めようとしてきた。1994年にコンサルタントを招き，1998年にはダン・アンダーソンを雇用した。彼は物腰柔らかで控えめな人物だが，かつては敏腕ジャーナリスト

第 7 章 躍進の要因

として活躍した経歴をもつ。彼によって次第にイーロンへの賞賛が集まり，イーロンの名はいよいよ高まった。ランバート学長の指示の下，アンダーソンは，報道機関，大学ガイドの出版社，高等教育のトップ層，政府や非営利団体の有力な関係者に向けて，一連の取り組みを実施した。

学生募集の要項や資料はすでに人目を引く出来映えであったが，見た目にはさらに華やかに，文章もいっそう素晴らしくなった。イーロンの同窓会誌は，丁寧に作り込まれた雑誌とまではいかないにしても，良質の記事が満載の季刊誌になった。そして財務報告書は，卒業生のみならず，南部有数の125大学の学長や幹部，アドミッション・オフィス責任者にも送付されている。ランバート学長は，アンダーソンに対し，イーロンが全米で話題になり，知名度が高まるようにしてほしいと依頼した。そこで，アンダーソンはいろいろな報道機関のオフィスを訪れ，また高等教育専門の記者をキャンパスに招いた。こうした接触の結果，ニューヨーク・タイムズ，ワシントン・ポスト，USAトゥデイ，クロニクル・オブ・ハイヤー・エデュケーションといった新聞にイーロンの記事が掲載された。アンダーソンはテレビやラジオにはさほど注意を払っていなかったのは，彼自身が「依然として，活字の力は最大である」と考えていたからである。

また，ジョージ・ブッシュ前大統領から伝説のキャスター，ウォルター・クロンカイトまで，世界的有名人を招聘した。学生は著名人に会って対話し，その経験について家で自慢げに話すことになる。このような試みは，さほど有名でなかったイーロンのことを，こう

いった重要な訪問者に印象づける結果となった。研究者による講演シリーズ「発見の声」プログラムに全米から参加した学者たちも，同様である。そして，政治学者シャロン・スプレーの指導の下行われた学生によるイーロン世論調査の結果には，ジェシー・ヘルムズ上院議員の辞職，エリザベス・ドールとアースキン・ボウルズによる上院議員選挙，そしてアメリカ大統領候補としてジョン・エドワーズが現れた際など，相当の注目が集まった。イーロンは，アメリカのトップ大学について記述することで影響力の強い雑誌『フィスケ大学ガイド(The Fiske Guide to Colleges)』に取り上げられていないうちから，多数の大学ガイドは明らかに"新生"イーロンに注目していたのである。そして，『フィスケ大学ガイド』の編集者は，2005年版にイーロン大学が載ることをイーロンにちょうど通知したところであった。

終わりに

アメリカにおける大学のマネージメントとその極めて保守的な体質については，これまでたびたび批判されてきた。大多数のアメリカの学術研究機関にとって，それは妥当なものと言える。しかし，全米に3,900を数える高等教育機関のうちの多く，つまり中小規模大学は，変化する世界を見据えて自らの役割を常に練り直し，巧みな戦略として具体化し続けている。イーロン大学はこうした機関のひとつであり，それゆえに詳細な検証に値するのである。

大きなカレッジや小さな総合大学という新しいタイプの突然の登

第 7 章　躍進の要因

場にも注目すべきだ。そのような大学は，研究大学でもなく，小規模かつ非常に知的なリベラルアーツ・カレッジでもない。また，多くの州立大学や過小資本状態の私立大学のように，職業教育を主旨としているわけでもない。新しいタイプの大学は，一般教育と専門教育を両立させる「ハイブリッド」であり，その特性に誇りをもっている。このタイプの大学は「アメリカで最優秀層の学生は，自分たちに魅力を感じない」ということも十分理解している。研究大学のトップ 20 校，あるいはリベラルアーツ・カレッジの中でも選り抜きのトップ 10 校――最も才能のある学生グループの 70％が選ぶのは，そういった大学である。そして，その他の学生は，良い仕事を得るために大学に行くのだということも，この種の大学はきちんと理解している。これらハイブリッドタイプの大学が教育の対象として選んだのは，この中間グループの学生であった。彼らの多くは，程々に聡明で才能があるが，知的探求に真剣にのめり込んだ経験がない状態で入学してくる。このような新しいタイプの学生層を対象とするため，教育プログラムやその必要条件，学習活動構造を従来のものから刷新し，またより親密でよりやる気を起こさせる教授法を取り入れるなど，新しいメニューを用意した。また，教員に対しても，これまでにない教授法や学生との関わり方を身につけ，実践するよう，誘導した。

　トップグループには少々及ばないレベルの学生は，学問の要素も少し持ち合わせた実務家や企業家，または一般人に身近な専門家になることを選ぶ。先に述べた新種の大学は，こういった中間グループの学生に対する最良の教育方法を模索しており，いまだ創造の過

程にある。この探求の過程は、変化と試行錯誤の連続である。そして時には、風変わりだが並はずれた業績を認められたいという気持ちも頭をもたげてくる。

「偉大な芸術家とは、いつも枕の冷たいところを探している人のことだ」とは、作曲家イゴール・ストラビンスキーの言である。イーロンは、どんな課題を達成しようと、決して現状に満足することはないようだ。それこそがこの大学の魅力であり、目が離せない所以でもあると、私は考えている。

著者あとがき

　私が最初にイーロンに興味をもったのは，1996年8月のことだった。私は当時まだ現役だったヤング学長の依頼を受け，コンサルティングのためにキャンパスを訪れた。そこでイーロンの取り組みを目の当たりにした私は，その魅力の虜となってしまった。その後，幾度となくキャンパスを訪れては関連資料を読み漁った。そして1997年の春，私は『*Planning for Higher Education*』誌にイーロンに関する記事を載せたのである。

　2002年春には，最新情報を付け加えてあらたに記事を執筆してくれないかと，ランバート学長直々の依頼があった。同年10月，私はイーロンの教職員とインタビューを繰り返し，イーロンのこれまでの発展を小さな本にして出版することを提案した。イーロンが貧相で冴えない組織だった頃から，現在のように華々しい成果を上げるようになるまでの50年，その道程をまとめてみてはどうか，と。ランバート学長はこの案に賛同し，編集権を完全に著者に与えること，そして大学を挙げて情報提供を行うと約束した。

　私がこの本を書きたいと思った理由は2つある。ひとつは，アメリカの私立大学が，戦略的計画，財政面での工夫，教員の献身的な働き，そして強力なリーダーシップを駆使して為し得た変革の一例を示したかったから。そしてもうひとつは，アメリカの高等教育学分野においてなぜかこれまで十分に議論されてこなかった部分を扱いたかったからである。

たしかに，大学の栄光の歴史を扱った文献は既に存在しており，それを「自画自賛の歴史」と呼ぶ人もいる。そして大学行政に関する特定の分野(入学政策，研究活動，少数派への取り組み，体育会活動など)に関してそれぞれ詳細な統計データ分析等がなされているし，高等教育の意義や役割についての議論も多々あるのも承知している。しかし，いくつかの例外(たとえばモートン・ケラーとフィリス・ケラーの共著『*Making Harvard Modern: The Rise of America's University*』2001年)を除き，アメリカの高等教育学会においてひとつの組織における方針，将来計画，人々，そして変革のプロセスを詳細に調べた例はかつてなかった。ある特定の大学を詳細に分析する，いわばミクロ視点からの研究は非常に稀なのである。

　この本を書き上げる過程で，私はイーロンの人々から多大な支援を受けた。彼らの率直で惜しみないサポートがなければ，私がここまで詳細に，まるで解剖するかのように，この大学のことを理解することなど不可能だったろう。

　ヤング前学長とランバート現学長，この2人はこの上なく気さくで協力的だった。Johns Hopkins University Pressの辣腕編集担当者，ジャクリーヌ・ウェミューラー，そして妻のジェーンにも感謝の意を表しつつ，この本の結びとしたい。

ジョージ・ケラー

解説 無名大学を優良大学にする方法

馬越　徹（名古屋大学・桜美林大学名誉教授）

　これはアメリカで実際にあった話である。イーロン大学(Elon University)といっても知る人は少ないであろう。100年以上もの歴史をもつ大学ではあるが、つい最近までノースカロライナ州の片田舎に立地する無名にちかい小規模私立カレッジであった。ところがこの10数年の間に驚異的な発展を遂げ、全米から注目される優良大学に発展しているというのである。最近、その成功物語を描いた書物(George Keller, *Transforming a College*, 2004, The Johns Hopkins University Press)を入手したので、その成功の一端を紹介してみたい。

　一読して分かったことは、成功に特別なマジックがあったわけではなく、20数年の年月をかけて着実に積みあげてきたものであること、そして改革の契機は大学を取り巻く「危機」にあった、ということであった。創設(1889年)以来、授業料依存の大学経営を行ってきた小規模なリベラルアーツ・カレッジにとって、1960～1970年代の高等教育政策により、近隣に授業料が4分の1にも満たない公立のコミュニティ・カレッジが何校も設立されたことは、まさに存亡の危機であった。この時期に学長職にあったフレッド・ヤング(Fred Young：1973-1998)が最初に手をつけたのは、学生確保のためにキャンパスの景観を第一級のものにすることであった。幸い、連邦政府の補助金や低利ローンが可能となり、各種建物の新築や古い建物の改築計画は軌道に乗り、現在全米でもっとも美しいキャンパ

スの一つといわれる大学の基礎が作られた。第2に取り組んだのはカリキュラム改革であった。半世紀以上も延々と続けられてきた伝統的なリベラルアーツ教育にメスを入れるには，カレッジの文化(college culture)を「教授中心」から「学生中心」に転換させる必要があった。学長ヤングは，初年次教育を重視し，イーロンの経験(Elon Experiences)と称する5つの学習(① 海外研修，② ボランティア・サービス，③ インターンシップ，④ リーダーシップ，⑤ 研究調査)を全新入生に必修として課し，他大学のカリキュラムとの差異化をはかった。第3に，このような改革を推進するために有能な学外コンサルタントを多数活用すると同時に，改革担当の副学長クラスを全国に派遣し優れた実践事例(best practices)を徹底的に研究させた。やがて改革の成果は10年足らずのうちに，新入学生の成績分布(SAT)が750-1000点台から900-1300点台の大学に，出身地域もノースカロライナや南バージニア中心から学生の半数以上が全国の各州から集まるようになり，両親の経済力も「中流の上」クラスに変化したのである。

こうした改革の成果に基づき，1994年には21世紀を展望する4つの柱からなるイーロン・ビジョン(Elon Vision)が発表され，実施に移された。その内容は，① 教員給与の引き上げ，② 学術面で有能な教員の増員，③ 新図書館，理系校舎，大規模スタジアムの建設，④ 基金の倍増等からなっており，総じて大学の質を引き上げることを基本戦略とするものであった。このビジョン作成を機に，1999年からイーロン・カレッジは新学長に引き継がれ，大学名称も2001年にイーロン大学へと改称された。

解説　無名大学を優良大学にする方法

　新学長の選考は全米的視野から行われ，理事会は経営手腕に優れたランバート(Michael Lambert)に白羽の矢をたてた。学長は就任早々に「イーロン新世紀計画(New Century@Elon：A Blueprint for Excellence)」を発表し，4つの専門職大学院(ビジネス，コミュニケーション，法律，教育)を創設すると同時に，既存のリベラルアーツ・カレッジのさらなる改革への取り組みを開始した。特に注目されたのは大学財政の強化と予算編成の透明化であった。資産運用のプロを副学長に任命し，大量の借入金により大学のインフラを整備すると同時に，所有債券の運用益を着実に増加させた。予算編成と配分のプロセスには担当職員だけでなく教員も参加させることにより，イーロン・コミュニティ全員に大学財政の実態を明らかにする努力を行った。新学長は教員人事においても，ビッグネームのスター教授よりも実力ある若手教員の採用を積極的に進めた。このように矢継ぎ早に大改革に取り組んだランバート学長であるが，今後の大学運営の基本方針としては，① イーロンの伝統的なコミュニティ意識を共有できる現在の規模(学士課程5,000人，大学院700人)以上に拡大しない，② あらゆる面での質管理を徹底的に行う，この2点においているようである。

　イーロン大学はまだ一流の研究大学ではない。しかし以上みてきたような不断の改革努力により，少なくともアメリカ南部地域の「修士レベル大学」の中で「優良」マークを獲得するまでたどり着いたことは，本書をはじめ各種の資料が証明している。イーロン大学の経営陣は，今日も営々と，マーケティングの5つのP(① program, ② price, ③ place, ④ people, ⑤ promotion)を胸に，自信をもってイ

ーロン大学を全国各地に売り込んでいることであろう。

（比治山大学高等教育研究所『ニューズレター』第 7 号，2010 年 10 月，pp. 1-2）

訳者あとがき

　今から30年ほど前，本書の著者ジョージ・ケラーは『*Academic Strategy, The Management Revolution in American Higher Education*』(The Johns Hopkins University Press, 1983)を発表した。そしてその作品は，当時，アメリカの大学関係者の間で最も影響力のある本として評価された。その後1996年，ケラーはイーロン大学と出会い，その実践に強い興味をもつようになり，2004年，本書の執筆を決意するに至る。大学の歴史を記述した作品や，高等教育機関運営のさまざまな側面について個別に論じた研究は多数存在するが，ある特定の大学がどのように変化したのかを総合的な観点から描き出した著作はどこにも見当たらなかった，というのがケラーの主張であった。

　自らも著名な教授であるケラーは，大学運営の専門家としてコンサルタント業務に携わる傍ら，100以上の論文を執筆し，『*Planning of Higher Education*』の編集者もつとめた。『*Academic Strategy*』を世に送り出したことで，彼はアメリカの高等教育における管理運営という側面にスポットライトを当てた最初の人物の一人となった。また本書の執筆により，イーロンという特定の大学に関する貴重なケーススタディを世に提示したのである。

　本書がアメリカで最初に出版されたのは2004年であり，すでに一定期間が過ぎている。とはいえ，本書は，国内外問わず多くの大学が抱える問題点を考える上で，現在においても非常に示唆的であ

る。ケラーが研究対象としているのはアメリカの高等教育だが，そこから導きだされるものは，日本も含めあらゆる国の高等教育機関においても参考となりうる。しかも，グローバル化の影響により，世界中の大学はその役割や方法論においてより似通ったものになりつつあると同時に，国境を越えた学生獲得競争はより激化している。

ケラーが本書によって証明したかったことのひとつは，「無名な大学を優良大学にする方法は確かに存在し，それをやりとげた大学が実在する」ということであろう。イーロン大学が自身を変容させるために実際に行ったことをまとめると，以下の6点になろう。

1．すべての面での質を高めること。
2．とにかく計画あるのみ。戦略的な優先順位付け，目標設定とその共有，次にやるべきことの徹底周知。そして結果の確認。
3．人材の選抜，育成，そして報奨制度の重視。教職員と学生も含め，コミュニティとしての連帯感を保持すること。
4．高等教育市場の競争と混乱の中でも，「ニッチ」市場を見つけること。
5．小規模の独自予算で最大の成果を得ること。
6．マーケティングの専門性を高めること。

どの項目も，重要であることは広く認知されている。がしかし，現場においてこれらをすべて成立させることの困難さは，大学関係者であれば誰もが痛感するところであろう。

イーロン大学のケースが具体的に示していることのひとつは，大学改革を成功させるには，教育研究面とそれ以外の部分（たとえばキャンパス整備や体育会活動など）での改善を同時かつ断続的に，全

体のバランスをみながら進めることが肝心だ，という点である。日本の大学では，政府による競争資金獲得スキームの影響もあり，特定の分野に対する集中投資が一定期間のみ行われることが多く，全体としてバランスをとりながら大学改革を行うためには，各大学における強いリーダーシップと戦略的計画実践が不可欠となる。

　ところで，2012年におけるイーロン大学の状況は，2004年当時と比べてまったく陰りが見られないどころか，さらに躍進を続けている。2006年度にはロー・スクール，2011年には健康科学部を新設し，全学生数は大学院生を含め6,000名を超えた。また，2012年入学出願数は10,241件(2004年度8,063件)，5,293名(3,311名)が合格し，1,425名(1,232名)が実際に入学している。また，イーロン大学ホームページの評価に関する紹介ページには，イーロンが「質の高さとお買い得さを兼ね備えた，希有な大学」であることが，さまざまなランキングの結果から証明されている。実際,「教育に力を入れている大学」の南部で1位(U.S.ニュース&ワールド・レポート誌)，フルブライト・プログラム奨学生輩出数全国1位，海外留学全国1位(プリンストン・レビュー誌)に選ばれる一方，ではお買い得私立大学のトップ25(Kiplinger's Personal Finance誌)，運営状況全国1位(プリンストン・レビュー誌)にも選ばれている。

　現在の戦略的大学改革方針は，「イーロン・コミットメント(The Elon Commitment)」として提示されている。その中で強調されているのは，学生をリーダー及びグローバル市民として育成することである。また，この計画に基づき，2012年度における組織としての優先的取り組み事項が，9ジャンルについて合計41項目示されて

おり，その中でも上位にあるものが，大学として多様性の尊重とグローバル化を推進することであり，学生全員が海外研修機会を得ること，外国人留学生数を増やすことなど具体的な項目として含まれている。イーロン大学では常に，組織がどこに向かっているのかが明確に示されるため，教職員はその方針に基づいて業務の優先順位を判断することができ，かつ，成果やそれに対する評価を把握しやすい。実際，イーロン大学において一部の教職員にインタビューを行った際，誰からも同じ方針に基づいた返答があり，まさに「一枚岩」の印象であった。あまりの揺らぎのなさに，若干不自然さを感じるほどであったが，それは本書の冒頭に登場するメイハー副学長がもった疑念と同じ種類のものにすぎないのかもしれない。

最後に，この本を 2011 年 4 月に逝去された馬越徹先生に捧げたい。本書の邦訳出版について大きな後押しを頂き，翻訳チームに対するご指導を頂く貴重な機会を得た。私たち訳者一同は，日本の大学がより豊かな学びの場所となるため，根拠のある建設的な議論を推進したいという馬越先生のご遺志をふまえ，本書の出版機会に心より感謝申し上げます。

2013 年 5 月

訳者一同

監・翻訳者

監訳

堀江　未来（立命館大学国際教育推進機構准教授）

翻訳

堀江　未来（はじめに・第1章・第2章・著者あとがき）
益子　エレン栄子（元東京財団奨学事業担当常務理事）
　　　　　　　　　（第3章・第4章）
渡部　由紀（一橋大学大学院商学研究科講師）
　　　　　　　　　（第5章・第6章・第7章）

協力

鳥居　朋子（立命館大学教育開発推進機構教授）
吉田　若菜（フリーランスエディター）

無名大学を優良大学にする力―ある大学の変革物語―

2013年11月30日　第1版第1刷発行
2015年8月30日　第1版第2刷発行

　　　　　　　　　　　　　　　　　著　者　ジョージ・ケラー
　　　　　　　　　　　　　　　　　監訳者　堀　江　未　来

発行者　田中　千津子	〒153-0064　東京都目黒区下目黒3-6-1 電話　03（3715）1501（代） FAX　03（3715）2012 http://www.gakubunsha.com
発行所　株式会社 学文社	

© Horie Miki Printed in Japan 2013　　　　　印刷所　新灯印刷
乱丁・落丁の場合は本社でお取替えします。
定価は売上カード，カバーに表示。

ISBN978-4-7620-2406-1